梦想系列丛书

丛书主编：庞仿英

走近章太炎先生

庞仿英　编著

ZHEJIANG UNIVERSITY PRESS

浙江大学出版社

序

学师者风范　养浩然之气

今年是我国近代民主革命家、思想家、国学大师章太炎先生诞辰152周年。章太炎先生故居在余杭区梦想小镇，为全国重点文物保护单位。沿故居向西北步行不到800米，就是杭州师范大学附属仓前实验中学。半个月之前，庞仿英校长将她编著的这本《走进章太炎先生》的书稿给我，并邀我作序。

时光回到2008年，那时我刚刚辞去一所中学的校长职务，到华东师范大学师从崔允漷教授攻读博士学位。一次随导师到余杭镇一中指导，偶然间听说该校离章太炎先生的故居不太远，因为自己一直做语文老师，对中师时学过的《关于太炎先生二三事》印象极其深刻，而同行的师姐周文叶也是学中文出身，同样对太炎先生极其敬慕，于是我们两人一拍即合，相约一起去故居拜谒。

满满一天的研讨结束之后，我和师姐立即来到故居所在的仓前镇灵源村。那时，故居的周边还相当冷清，印象中只有门前的那条余杭塘河在兀自流淌，一位老太太静坐在河边，温煦的阳光洒在老人身上，映照出水乡的宁静与悠闲。而当我们带着钦敬的心情匆匆走到故居门口时，却发现那两扇古朴破旧的黑漆木门是紧闭的。看到我们是来参观的，老太太主动站起身，以温和的口气提醒我们：故居正在整修，不接待游客。悻悻之中，我们只能将眼睛紧贴在门边，隔着门缝吃力地"窥探"了一番。

然而，令人惊奇的是，那次造访尽管吃了"闭门羹"，却在我心里留下了挥之不去的记忆。此后，每每提起章太炎先生，那古旧的木门、清澈的河水、娴静的老太、温煦的阳光，便一股脑儿涌至眼前。故居门前的一瞥，竟然让太炎先生从鲁迅先生冷峻的文字中"跳脱"出来，成了一种立体鲜活而又亲近真切的存在。

也许是冥冥之中早有注定。时隔十年之后，我调到了杭州师范大学工作。学校的仓前校区恰好与章太炎先生故居毗邻，又与我临时租住的寓所近乎是一河之隔。于是，每天我都会踏过河上的那座单拱石桥，在寓所和故居之间走上几个来回。在历史的长河中，十年无异于沧海一粟，而对于故居所在的灵源村来说，却是沧海桑田——她蓦然实现华丽转身，从荒僻的乡村变成了享誉全国的科技金融互联网小镇。都市的喧闹取代了水乡的寂寥，原本孤零零的故居也被挤在了各种仿古的民居和店商之间。好在故居保护得非常好，依旧是黑漆的木门……门前的河畔步道不但铺上了古朴厚重的青石，还多了一座"全国重点文物保护单位"的石碑，引得游客驻足留影。黄昏时分，我常常会在河边的青石小道散步，听着自己和游客或疏或密的脚步声，这"向晚的跫音"蓦然会让我想起郑愁予的那首著名的抒情诗：

我打江南走过/那等在季节里的容颜如莲花的开落……我达达的马蹄是美丽的错误/我不是归人，是个过客……

这本是一首极具画面感和时空感的闺怨诗，然而，因为太炎先生的故居和十年前的拜谒经历，却让我这个北方游子的心里少了许多"过客"的失落，多了一些"归人"的慰藉。有时甚而会像十年前门口的那位老太一样，心中涌起一种身居灵源之地的自豪感。此后凡有朋友来访，只要有一点点儿空闲，我便极力邀请他们到章太炎先生故居走走。每每观瞻以水为墨的习字墙，拜谒耳濡目染的扶雅堂，先生的浩然正气和师者风范总会扑面而来，让人产生心灵的震颤。

正因为与章太炎先生故居的这段"奇缘"，拿到《走近章太炎先生》书稿时，我便迫不及待地先睹为快。从内容来看，全书以章太炎先生的成长史为线索，用20个单元扼要生动、图文并茂地记述了其各个成长时期的主要事迹，在纵向记述中不时穿插逸闻趣事，兼具了时序清晰性和故事饱满感。而从教育的视角来看，本书则具有以下三个特点。

一是体现了开放的课程观。教育回归生活是我国新世纪基础教育课程改革的核心理念之一。正如美国当代著名教育学者施瓦布所说："课程不是在教室中产生的，而是在教室围墙之外的那些有气味、有影子、能够获得更多时间和空间的场地产生的。"这一判断乍一看有些过激，却揭示了一个重要的教育规律，教育从来都是特定环境中的教育，合格的教育工作者必须关注教室和学校之外的世界，让课程建立与生活的密切联系，将静态的、僵死的课程变为动态的、鲜活的课程。而要做到这一点，一个重要的方法就是充分挖掘本土自然和人文资源，因地制宜地开发校本课程。本书正是从这一规律出发，利用学校位居太炎先生故里这一区位优势，依托全国重点文物保护单位太炎故居这一人文景点，让学生走出学校，走近先贤，从太炎先生的成长历程中汲取人格的力量和知识的营养。用好此书，善莫大焉。

二是体现了先进的学习观。近两年来，教育界流行一个词叫"具身学习（embody learning）"。该理论强调人的学习不仅仅是在头脑中发生的，它还与人的身体状态、活动方式和活动范围等息息相关，后者甚至起着枢纽和核心的作用。因此，学校和教师在组织教学时，就要运用劳动、游戏、研学、实验、歌舞等各种方式引导学生进行探究和体验，调动心、脑、手、足、耳、口等各种身体器官，让学习在不知不觉中进入学生的血脉中和骨髓里，达到"情动于中而形于言，言之不足故嗟叹之，嗟叹之不足故咏歌之，咏歌之不足，不知手之舞之足之蹈之也"的效果。概念中的"embody"这个英文单词，就很好地传达了这个意义。就我个人而言，如果不是十年前的那次不圆满的拜谒和近年的带水而居，太炎先生恐怕不可能如此深刻地进入我的精神世界里。"读万卷书，行万里路""纸上得来终觉浅，绝知此事要躬行"，最好的学习在路上，做深的学习是经历，循着本书的轨迹，师生们将体验一种全新的学习方式。

三是体现良好的设计感。作为一位优秀的语文教师和学校管理者，本书作者庞仿英老师具有良好的课程素养和设计能力。这些素养和能力突出地体现在本书助读系统的编排上。本书的助读系统分为单元导读、阅读思考和活动设计三个板块。其中单元导读重在提示学习的重点和方法；阅读思考重在启发对内容的理解和反思；活动设计提出探究的形式和程序。尤其"活动设计"板块，采用了实地考察、角色表演、演说讨论、创作朗诵等多种形式，充分体现了综合性、实践性和语文性的特征。三个板块前后呼应，动静结合，学思并举，为走近章太炎先生提供了清晰的方向标和路线图。

本书的最后一个单元为"后世纪念"。书中记述：

> 逝世前数日，章太炎已不能饮食，而他仍坚持执卷讲学。家人劝告他卧床休息，他说："饮可不食，书仍要讲。"
>
> 1936年6月14日，章太炎先生于弥留之际，断断续续地吐出两句遗言："设有异族入主中夏，世世子孙毋食其官禄。"

短短两段描述，太炎先生的师者风范和浩然之气跃然纸上。"云山苍苍，江水泱泱，先生之风，山高水长！"以此为序，聊寄衷肠。

目录
Contents

第一单元

章家少年

【单元导读】

20 世纪历史交替期的中国，涌现出了一批巨人，章太炎便是其中之一。他被称为"民国先驱""学界泰斗"。这两个身份都与章太炎的成长环境和求学经历息息相关。章太炎受家庭环境的影响，自小便在心中埋下了革命的种子；22 岁时进入诂经精舍，师从俞樾，打下了良好的学术基础。阅读本单元，你将走近章太炎的人生，了解他的故乡和家庭，感受民国先驱幼时的正义与执着，体会学界泰斗成长中的刻苦与毅力。

学习本单元，要在通览全篇、了解全文大意的基础上，仔细品读关键语句或段落，体会、理解章太炎成就之不易，成事之艰辛。阅读过程中，联系自己的成长经验，进行对比反思，注意圈点勾画，记录下自己的感想与体会。

一、少年初生

树不能离根，人不能缺本。树木的根生在深深的泥土中，人的本心萌发在美丽的故乡里。树木枝繁叶茂，开花结果，一切都要感恩泥土的滋养。章太炎硕果累累的一生，若少了仓前小镇这片沃土的支撑，那些民国革命元勋、国学大师的光环都将暗淡无光。

章太炎的故乡——仓前镇，位于现在的浙江杭州。浙江的人文气息非常浓厚，是一个世世代代都流淌着爱国热血的地方。这块钟灵毓秀的土地，诞育了无数爱国志士：越王勾践，卧薪尝胆，三千越甲终吞吴；马臻，修筑鉴湖，被诬告定罪仍英勇无畏；宗泽，横刀抗金，骁勇善战留盛名；陆游，笔耕不辍，写下无数爱国诗篇……这些故事代代相传，在仓前小镇，催生出了一棵民主革命的幼苗——章太炎。

仓前原名灵源，南宋绍兴二年（1132）官方在街北建临安便民仓，古以南为前，遂称仓前街。清朝时期，仓前属于杭州府余杭县，地处杭州以西二十里。虽无大都市的繁华，但作为京杭大运河之源，且有余杭塘河穿越其境，在悠久的历史淘洗下，闪烁着自己的光芒。这里山水秀丽，远可赏俊朗的西湖诸峰，近可观繁盛的花草绿植。生活在此间的人民非常淳朴、忠贞，尤其是明代迁徙而来的士绅家族，还保留着数百年前的风气。他们骨子里对那些爱国先贤充满敬佩，所以当抗清烈士张煌言英勇就义后，余杭县父老就在仓前镇建了张老相公庙。虽然这座矮矮的小庙寂寂无闻，但它的精魂却伴随了章太炎的一生。

张煌言，字玄著，号苍水，是明代著名的诗人，也是抗清英雄，与岳飞、于谦同为"西湖三杰"。明末时，清军入关，张煌言书生入将，挺身赴难，舍己为国，与清军抗衡，视死如归。他一生只活了45岁，但将近20年的时间都在作抗清斗争。他的诗文也多是在战斗生涯里写成的，充满着忧国忧民的爱国热情。

章太炎幼时常常到张老相公庙玩耍，那时的他并不知道，这个被余杭父老所尊敬的、

张煌言

章家大厅——扶雅堂

比他早出生240多年的人，会在他的成长道路上给予他重要的精神力量。章太炎读了《张苍水集》后，渐渐对张煌言的思想产生崇敬和追攀之情。章太炎走上民主革命的道路，很大一部分原因是受张煌言排满思想的影响。投身民主革命后，曾七次被捕、三次入狱，每当艰难险阻像大山一样层层压来时，他便以张煌言"西子湖头有我师"自勉自励，不屈不挠。1926年，58岁的章太炎回家扫墓，途经杭州，他专程拜谒南屏山张煌言之墓，并于翌年写下《张督师祠记》，盛誉张煌言"夫妇皆著英烈"，"智通忠勋不可殚述"。1936年，68岁的章太炎在苏州辞世，逝世前他坦言愿与张煌言地下为邻。夫人汤国梨遵从他的遗愿，将他葬于杭州西子湖畔。

一个人拥有守正不移的品性，应当是自身因素与外部环境共同作用的结果。章太炎严谨治学、刚强热血的性格，除了自身的与时俱进和积极进取，还要归功于他的家庭。

章家是仓前镇的大户，最兴旺的时候有300多口人，还有大量田地和房产，发展到章太炎的曾祖父章均一代时，是章氏一族最盛的时期。章太炎生于这样一个大家族，优渥的生活条件是他身体、心灵和思想成长的沃土。

章太炎从小便狂放不羁，忠于内心，见解独到。仓前一直流传着这样一个传说：100多年前，在仓前小镇的一个富裕家庭，有个狂放的少年白天点着灯笼走路，引得路人纷纷驻目。看着少年古怪的行径，乡人不明就里。有的人心想，或许是有钱人家任由孩娃游戏吧。后来经高人解读，乡人才恍然大悟，原来少年是在骂朝廷腐败。当时的局势已是内忧外患，而清政府却毫无作为，以致百姓生活暗无天日，哪怕是日光朗朗的白天，也仍需点着灯笼才能行走。仓前镇的人说，这个少年就是章太炎。

章太炎的狂放，其实源于他的正直和清醒。小小年纪却有敏锐的洞察力，能够看清事物的本来面目，并毫无顾忌地表现出自己的不满，这种刚正不阿的品格，是值得我们后世学习的。

如果说丰厚的家产是章太炎成长成才的沃土，那么章家祖辈尚学的风气则是帮助章太炎茁壮成长的阳光雨露。章家是一个汉学世家。章太炎的曾祖父到其父亲乃或兄弟诸辈人士，不仅对章太炎的成长有着不同程度的影响，而且治学方向上的影响也是一致的。

章太炎的曾祖父章均长于置办田亩，还出巨资在余杭白塔寺前创建苕（tiáo）南书院，其对教育、对文化的态度，不光造福了当时的合族子弟，更为章家后代兴起尚学的家风创造了条件。章太炎的祖父章鉴医术精湛，藏书丰富，立志购遍古今医家书。此外，他时常召集一班子弟，晨夕诵读，章家的尚学风气就在这琅琅书声中愈发浓厚。

对章太炎的学习具有直接影响的，则是他的父亲章濬。章濬和祖辈一样是个嗜书如命的人。他精于诗词，又长于医术，曾是杭州西子湖畔诂经精舍的监院，地位仅次于院长。章太炎后来能够到诂经精舍师从俞樾，很大一部分原因在于他的父亲。章濬自己学而不厌，精益求精，对子女的学习教导也事必躬亲，朝督暮责。虽然他曾因小人造谣中伤，一气之下退出科举，但他仍然坚持把科考视为年轻人获得远大前程的一个选择，所以他尽力创造条件让自己的下一代去参加科考。

在父亲的引导和教育下，章太炎的两个哥哥章炳森和章炳业双双中举，成为他的楷模。章太炎幼年的时候，两个兄长都是他的严师，或许是命中注定，章太炎虽两次参加科举考试，但最终都没有走上这条道路，而是坚定地走向了革命的大道（见表1）。

表1　章太炎汉学家世

辈　份	姓　名	身　份/职　位
曾祖父	章　均	县学增广生，浙江海盐县学训导
祖　父	章　鉴	县学附贡生，国子监生，喜好读书，擅医术
外祖父	朱有虔	庠（xiáng）生（科举时代学校的学生）
父　亲	章濬（jùn）	县学训导，杭州诂经精舍监院，擅医术
长　兄	章炳森(章篯)	浙江乡试举人，府学训导
次　兄	章炳业(章箴)	浙江乡试举人

　　章太炎一生都在不断学习，与时俱进，很多人都对他有过影响和启发，但是章太炎的第一位老师对他思想上的影响可谓举足轻重，这个人就是章太炎的外祖父朱有虔。1876年，8岁的章太炎迎来了他人生中的第一位真正意义上的老师。章太炎小小年纪，却很清楚地知道，那是对他疼爱有加的外祖父，更是父母扎来专门开馆教授自己的老师。所以章太炎读书非常用功，既不想辜负父母的期待，也不想枉费外祖父的辛勤教学。

　　朱有虔的教学很有分寸，他知道章太炎年纪尚小，所授知识不能过于深入，应以基础知识为主，适当增加趣味性和启发性，同时也要严格要求，帮助他养成良好的学习习惯。每逢外祖父闲暇之时，章太炎都会缠着外祖父给他讲故事。

　　跟从朱有虔读书的这几年，是章太炎学问的启蒙阶段，同时也是他思想的启蒙阶段。

　　有一天，章太炎和往常一样，在课后缠着外祖父给自己讲讲《东华录》里面曾静案的故事。故事讲完后，外祖父感叹道："夷夏之防同于君臣大义。"意思就是说，华夏民族和蛮夷族是泾渭分明的，不可以等同视之。

二、展露才学

　　杰出人物的出现，总是时间和空间交互作用的结果。清末民初的那段

章太炎习字墙

特殊历史时期，给了章太炎施展拳脚的机会；仓前小镇以及章氏家族对章太炎的熏陶教导，使他得以成为历史大人物。但章太炎自身的思想和行为，也是不容忽视的部分。

章太炎的学习之路充满了鼓励和鞭策：不安时，有父亲的谆谆教导；疑惑时，有外祖父的循循善诱；懈怠时，有兄长们的严厉督促。在家学习的几年，他总是自觉求知，主动询问，刻苦用心。因为他深知"读书全靠自用功，先生不过引路人"的道理。

章太炎从小就非常聪明。有一天，章太炎的父亲在园中与朋友聚会，他们交谈甚欢，园内热闹非凡，笑声朗朗。此时，章太炎也在园中玩耍，大人们见他长得眉目俊秀，小小年纪行动迅捷，便想考考他的学问。这时，有个人站起来问道："学乘可曾读过什么书？"

章太炎礼貌地走到人群中，站定后自信满满地答道："我才刚刚识字时，父亲就要求我读四书，作八股文了。"

大人们见他谈吐落落大方，兴致更高了，于是要他即兴作诗一首。

当时电闪雷鸣，落雨纷纷，园内到处都是积水，章太炎望向门外，不一会，就转身告知各位长辈，诗已经作好了。长辈们见他作诗如此迅速，还以为他是乱作一通，没想到，当时6岁的章太炎大声念出了"天上雷阵阵，地下雨倾盆。笼中鸡闭户，室外犬管门"。屋内响起了雷鸣般的掌声，大家纷纷夸赞章太炎的才气，小小年纪就语惊四座，必定前途不可限量。

章太炎出生于这样一个书香世家，再加上自身天资聪慧，自然也是个嗜书如命的人。当时家中藏书颇丰，章太炎常常在书房一待就是一整天。

他很喜欢在书的世界里自由翱翔，父亲要求的、外祖父要求的、兄长要求的，他都想要读，在他的小脑袋里，装满了想看的书单。不过，书架上有些书不适合他阅读，但章太炎却发现了偷读的一方天地。

章太炎曾听外祖父谈起《东华录》①这部书，他对里面曾静案的故事记忆犹新。当他读完书中详细记载的戴名世、吕留良、曾静、查嗣庭等文字狱惨案之后，反对异族统治的种子破土而出。读到扬州十日、嘉定屠城，章太炎咬牙切齿，但他知道这是自己背着长辈偷看的书，故愤恨也不敢溢于言表。在当时阅读的书籍中，还有一部《明季稗史》②对他的刺激也很大。他对封建腐败统治的不满就被这些书籍，一点一点激发出来了。

章太炎在书中尽情徜徉。有一天，他了解到有一本叫《灭鞑子》的书，便喜出望外，如饥似渴地在家中书架上寻找，但从东到西、从南到北找了几遍，也没有找到这本书。于是他向父亲求助，父亲听说他要看这种书，惊讶不已，无论如何都没有答应给他买。但章太炎没有气馁，从未停止寻书的脚步。

终于，听说在杭州城内有这本书卖，他开心得手舞足蹈，恨不得立刻飞奔至杭州城内，将书买到手。但从仓前镇到杭州城有二十几里路，中途要坐船，沿余杭塘河行很长时间。此时的章太炎才14岁，从来没有独自离开过小镇，但他丝毫没有犹豫，带上自己攒下的零钱，直奔码头。

船家见章太炎小小年纪，形单影只，便不准他上船，要求父母陪同，才能上船。章太炎哪敢告诉船家自己是偷偷跑出来的，而此时他的父母也正在焦急地寻找这个离家出走的小儿子。最后，趁船家不注意，他偷偷上了船。到城里将书买到手后，又马不停蹄地赶回船上，并立即沉浸在书的世界里。当父母在船上发现他时，章太炎已经把整本书都读完了。

在自家的书房中，章太炎还拜读了顾炎武、王夫之、黄宗羲等人的很多书籍，对他们的思想仰慕至极，甚至因为他们而更改了名字。章太炎初名学乘，字枚叔（取自西汉辞赋家枚乘）。为了表明自己追随清初思想家的

---

① 《东华录》：清代蒋良骐创作的史料长编。全书内容按时间顺序排次，保存的史料文献对研究清初历史有重要参考价值。

② 《明季稗史》：丛书名。清留云居士辑，共汇稗史十六种。其中顾炎武的《圣安皇帝本纪》记福王弘光朝事，黄宗羲的《赐姓始末》记郑成功收复台湾事，皆为重要史料。

决心，他将名字改为绛，别号太炎。其中"绛"取自顾炎武的本名；其号"太"取自黄宗羲"太冲"之号，"炎"也是取自顾炎武之名。

父亲章濬一心想让章太炎走仕途。所谓仕途，就是一条做官的道路，也是那个时代，无数人梦寐以求的一条锦绣前程。从秀才到举人，再到进士，需要经历层层选拔。按章濬为章太炎规划的人生蓝图，他应该苦研八股，全力应科考，最终得个一官半职，光宗耀祖。但是章太炎的人生，却在一次童子试的前夕，开始了转变。

1883年，15岁的章太炎准备参加县城的童子试。考试的前一天，章太炎突然摔倒在地，晕厥过去，不省人事，身体僵硬，不断抽搐，章家上下都笼罩在忧虑的氛围里。原来，章太炎得了癫痫。这种病并不少见，它还有一个名字叫羊角风。章太炎那天的病，发作突然，情况较严重。章濬征求章太炎的意见后，决定这次不再逼迫他参加科考。章太炎虚弱地躺在床上，内心却汹涌澎湃，高兴极了，因为他并不想走上为官的道路。

自此以后章太炎就专心研究学术，丝毫没有考虑要再次参加科考。但是过了两三年，父亲见儿子病情稳定，决定再次劝说他参加考试，章太炎没有违背父亲的意愿，勉强接受了。到了考场，他看到考题是"论灿烂之大清国"，顿时火冒三丈。当时的考试，要求考生用八股文，即全篇由破题、承题、起讲、入手、起股、中股、后股、束股八部分组成。对封建统治充满仇恨的章太炎，洋洋洒洒用自己擅长的古文写满了卷面，内容没有谈论清朝的灿烂，而是描述内忧外患的形势、百姓生活艰辛等真实的情况。监考官见章太炎提笔未停，写得如此流畅，以为遇到了天才，当他走到章太炎身边，拿起试卷一看，气得立马把章太炎赶出了考场，并骂他疯子。

此事之后，章太炎就真正与科考分道扬镳了。他在自己的古文世界里，认真钻研，不知疲倦。他喜欢《史记》和《汉书》，经常啃着已经发黄的经卷。但不明训诂，不能治史、汉，要了解《史记》和《汉书》中先哲们的真正意思，必须要学习音韵学和文字学的知识，逐字逐句去解读。于是章太炎就在古文字学方面展开了研读，20岁那年，章太炎就已经有了著书立说的志向。

三、拜师读经

章太炎自幼好学，博览群书，但所学知识多而不精，不成体系，其学术研究生涯的真正起点，是在诂经精舍，导师是俞樾（yuè）。

诂经精舍的培养制度与其他书院不同，它的主要目的不是应对科考，而是培养一批精研经学的人才。精舍中的学员，由其他书院选送，入学者需要有较好的经学基础。诂经精舍一直遵循严进严出的准则，精舍的日课分句读、抄录、评校、著述四类，每个月都有两次考试。

俞樾（与曾孙俞平伯）

章太炎22岁那年，父亲章濬病逝。章濬生前曾在诂经精舍当监院，与当时的精舍掌门人俞樾算是同事。他逝世前将章太炎托付给俞樾，希望儿子能在经学大师俞樾那里系统地学习经学。安葬了父亲后，章太炎就按照父亲的遗愿，来到了美丽的西子湖畔，开始了近8年的学习，也正是在这里的刻苦钻研，才奠定了他坚实的国学基础。

俞樾是经学大家，主持诂经精舍30余年，学术成就非常突出。俞樾进士出身，中年以后一心治学和讲学。他治学严谨，对学生的要求也很严

章太炎

格。章太炎入学时，就受到了严格的考察。章太炎入学后对待学习向来很主动，经常向老师陈述自己的学术见解，一开始未获得赞许，可他并不因此而气馁，仍旧潜心研究，勤学苦练。慢慢地，俞樾越来越器重他，对他的一些见解也颇以为然，赞许有加。

章太炎在诂经精舍的学习日渐深入，越来越有自己的见解，他经常与老师进行"纯学术的讨论"，常常令老师称赞。

章太炎一生都非常尊敬自己的这位老师。当他走上革命道路后，与俞樾产生过一次矛盾，那次之后，章太炎作《谢本师》，与俞樾断绝师生关系。据说章太炎此举实际上是为了保护俞樾，以免老师受其牵连。

章太炎在诂经精舍学习的这段时间，除了有老师俞樾指导，他还主动

向高学治、谭献、黄以周、孙诒（yí）让等著名学者讨教。这些人终其一生，追求的都是读书和治学，他们和俞樾一样，能在读书中获得最大的满足。章太炎与这些大师接触，耳濡目染，打下了坚实的学术研究的基础。

高学治也曾经与章濬共事过，在听说章太炎6岁能作诗的故事后，就非常喜欢章太炎。高学治在训诂学方面有很高的造诣，但他对章太炎的影响，远不止在学问上。章太炎每每向他请教，都会被他严肃认真的治学态度和艰苦朴素的行事风格所感染。高学治很重视对章太炎道德上的培养，他对章太炎说："从惠栋、戴震这些经学大师以后，可称为朴学者的人也不少了，但是那些人在行为道义上没有可称道的，其实是不够资格的。处在这种衰败的世道，要专心研究典籍，还要保持好的操行，那种才德兼备、行事正直的人，才是人们愿意视为楷模的君子。"章太炎将这些话牢记于心，一直对高学治葵藿倾阳①。两人师生情谊甚厚，1893年，章太炎为高学治作八十寿序，高学治去世后，章太炎为其作《高先生传》。

章太炎还尊清代浙东学派的黄以周为自己的导师。他在《黄先生传》中说："余少时从本师德清俞君游，亦数谒先生，先师任自然，而先生严，重经术，亦各从其性也。"有一次，章太炎跟从俞樾一同造访黄以周，对他的学术思想有所了解后，章太炎也开始重视对礼学的研究，并着力发展浙东学派一以贯之的"礼学"线索。章太炎能够在礼学研究方面有所建树，这与黄以周的影响关系密切。

章太炎还有一位朴学老师，叫作孙诒让，太炎对他也非常尊崇，并尊称他为"三百年绝等双"。有一次，章太炎的弟子黄侃特意向他请教，还没等黄侃开口提问，章太炎便脱口而出："你去浙江找孙诒让先生吧，他是我的老师。"可见，章太炎把孙诒让放在相当高的位置。

被章太炎尊称为师的，还有一位比他大30多岁的词学大家，那就是谭献。章太炎一生中写了很多诗歌，他的诗歌创作之所以能达到这么高的成就，谭献给了他很多帮助。谭、章二人一生中亦师亦友，章太炎非常尊敬谭献，即使离开诂经精舍，仍然与他有着书信往来。

章太炎遇良师而知进取，在每一位老师的身上，他都学习了不同的知

---

① 葵花和豆类植物的叶子朝向太阳。比喻一心向往所仰慕的人。

识，或是治学之道，或是为人的品格。正是有这些老师对其学术和品德的引导和锤炼，章太炎日后才成长为学术大师、革命先驱。

在诂经精舍学习期间，章太炎伏案苦读，研考经学之余，他还培养了自己对佛学的浓厚兴趣。这一切，要感谢章太炎交的几位好友。

章太炎27岁那年，结交了一个同乡好友，名叫夏曾佑。夏曾佑能言善辩，怪论百出，但他们两个人交谈起来，毫无隔阂，常常能达成共识。夏曾佑精研《成唯识论》，他认为只有法相宗才算真佛学，所以他也劝太炎买佛教典籍来研读，并再三叮嘱，认真对待。正是他的力荐，章太炎在佛学上的兴趣才越来越浓。

章太炎经常到孙诒让家中求教，也因此结识了孙诒让的女婿宋恕。宋恕虽然对需要冒极大风险的改革活动充满顾虑，但是却时时关注改革的动向，每每心中有了一定的想法，就会与章太炎商讨。在宋恕的影响下，章太炎对改革的动态也有了比较全面的了解。此外，宋恕还主张"学探中西之精，论持古今之平"，他建议太炎多了解西学。这是太炎走上革命道路的一个重要的朋友，后来太炎回浙江办兴浙会，宋恕也是其中一员。

在诂经精舍的众多同窗中，章太炎与杨誉龙最要好，他们经常在一起切磋琢磨。杨誉龙的经学课业比较好，但是他也很推崇西学和佛学，也常常推荐太炎读一些江南制造局和同文馆翻译的西学书籍，所以太炎的思想变得更加激进。后来终于走出书斋，走上了革命的道路。

在好友的影响下，章太炎的知识面不仅仅局限在经学一方天地上，而是不断与时局、与西学融合。

四、志存高远

章太炎入学诂经精舍，一直静心学习，对经学始终充满着热忱和执着。他与师友探讨学术时，常常热情澎湃，因为他觉得这些学术讨论给他带来了无尽的乐趣。他当时居住的那间书斋，里面放着很多书卷，平日没课，章太炎就是在这里伏案苦读，通过读书让自己的世界越来越宽阔。

章太炎为自己读书著述的这一方天地取名为膏兰室。膏兰室的门匾上刻有两字篆书曰："菿（dào）汉"，菿就是大的意思。从中可以看出章太炎年少时埋藏在心的那颗种子，仍旧在生长着。只不过在诂经精舍这一方单纯枯寂的书斋中，章太炎推翻清朝封建统治的思想还没有爆发。也正因为此，章太炎在这一时期专心研究学术，他的开山之作《膏兰室札记》就诞生于此。

《膏兰室札记》是一部考释驳论的著作，主要是诠释考辨《诗》《书》《礼》《易》《春秋》以及诸子著作。虽然章太炎作此书时才二十几岁，但是这部著作取材广泛、考证严谨，足以见其在诂经精舍期间学习的成效。就《膏兰室札记》自身的学术价值而言，章太炎自己评价道："行箧（qiè）中亦有《膏兰室札记》数册。往者少年气盛，立说好异前人，由今观之，多穿凿失本意，大抵十得其五耳。"现在来看，这是符合事实的。

章太炎之所以能够有如此大的进步，不仅是因为他拥有较好的经学基础，更是因为他在读期间非常努力。他曾说："学问只在自修，事事要先生讲，讲不了许多。"他在读书的时候养成了随手记笔记的习惯，每当遇到疑惑或有心得体会时，他都记录在案，闲暇时便去向师友请教。他针对经学文字、典章制度、名物考订等撰写了若干札记，其中30多篇被老师俞樾收录进《诂经精舍课艺》中，其余则被收录进了《膏兰室札记》。

章太炎在诂经精舍学习期间的研究成果，最集中地体现在他所撰写的《春秋左传读》一书中。这部书的撰写历时6年，达50多万字。这部书很好地体现了章太炎在文字音韵学方面的长处，通过对古文献的广泛比较研究，解难释疑，取得了富有学术价值的成果。一开始章太炎曾希望谭献设法帮忙刊刻这部著作，但他最终还是选择收敛自己的锋芒，没有立即将它付印。

任何人能够学有所成，不是偶然的，也不是靠运气就能成功的。章太炎在诂经精舍能够有这么突出的成就，在于他对自己的严格要求。他给自己定了治学原则：审名实，重佐证，戒妄牵，守凡例，断情感，汰华辞。意思是治学一定要严谨踏实，不要自以为是，也要注意语言的运用。正是这样的自觉和自律，使得章太炎的学习岁月更加充实，也让他在学术道路上的步伐更加稳健。

【阅读思考】

1.本单元介绍了章太炎的成长环境和学习经历，请仔细通读全文，说说你眼中的章太炎是一个什么样的人？并尝试从文中举例说明你的观点。

2.跳读课文，请你找出在章太炎的成长过程中，分别有哪些事件影响了他的革命思想？又分别有哪些原因，使他成为国学大师？

3.子曰："三人行，必有我师焉。择其善者而从之，其不善者而改之。"孔子的这段话，对于指导我们处事待人、修身养性、增长知识大有益处。课文详细介绍了章太炎与他的诸位老师、朋友之间的故事，这些故事对你有什么启示？联系生活实际，说说你的感想。

【活动设计】

方案一：小组讨论

1.阅读本单元，请你找出对章太炎产生了影响的人物和事件，并独立完成下表。

人物	事件	产生的影响

2.小组合作讨论，完善表格，整理讨论结果。

3.小组代表交流讨论结果。

方案二：实地考察

1.确定考察目的并制定考察活动规则。

2.考察的地点包括张老相公庙、章太炎故居和苕南书院，重点是章太炎故居；目的是近距离感受章太炎的成长环境，了解章太炎的成长轨迹；预期效果是通过实地考察，同学们加深对章太炎的印象，为整本书的学习奠定较好的兴趣基础。

3.考察形式为班级集体参观考察。

4.独立撰写考察报告或参观感想。

5.考察成果评比，班集体成立评比委员会，展示优秀考察成果。

第二单元

投身革命

【单元导读】

　　章太炎决定投身革命后，带着一身正气四处奔走。他首先来到上海，在时务报馆任职期间兢兢业业，最后却与康有为决裂；而后回到浙江，创立兴浙会，又因宗旨不合，毅然离去；在武昌与张之洞交好，最后也因思想不合而分道扬镳；后来回到上海，又暂避台湾。其间，章太炎一直坚持自己的革命思想，始终用笔杆坚守一方阵地，为革命摇旗呐喊。阅读本单元，你将跟随一个个故事，感受章太炎一路的选择与成长，认识充满热血的、坚忍不拔的章太炎。

　　学习本单元，要学会通过典型事件表现人物性格的方法，还要注意调动自己的经验与想象，感受章太炎的情感变化。

一、走出书斋

总体来说，章太炎在诂经精舍学习期间，内心相对平静。随着甲午海战的失败和马关条约的签订，章太炎认识到，纯粹的学术殿堂是不存在的，个人的前途和国家的命运紧密相连。慢慢地，他对自己穷年累月所从事的经学研究的价值产生了质疑，原本安静的治学之心，似乎无法再安放于诂经精舍这一方学术天地了。

章太炎开始越发关注时局，也因此越发地愤恨，少年时代萌芽的反封建思想也就越发激烈。看着华夏民族在清朝的封建统治下被西方列强欺打着，天下的同胞全都过着黑暗的日子，章太炎再也无法独坐书桌钻研学术了，他的心中早已暗潮涌动，只是一时不知自己要走向何方。

当时康有为写了《新学伪经考》，章太炎常常会拿到书斋向俞樾请教。后来康有为拜访俞樾，章太炎作陪，通过康有为，章太炎了解到了"公车上书"等事件。他听闻康有为的讲述后感到很振奋，也对强学会非常感兴趣。当强学会的章程寄到诂经精舍时，章太炎对着章程看了又看，眼里闪烁着希望的光芒，内心也颇为激动，立即就给强学会寄去了16元入会费，报名入会。他不知道，寄去的这16元入会费虽没有帮他进入强学会，却给他的人生带来了很大的转折。

章太炎自己回忆说："自从甲午以后，略看东西各国的书籍，才有学理收拾进来。当时对着朋友，说这逐满独立的话，总是摇头，也有说是疯癫的，也有说是叛逆的，也有说是自取杀身之祸的。但兄弟是凭他说个疯癫，我还守我疯癫的念头。"

此时的章太炎不光是学术研究方向上有变化，更大的是思想上变得激进。他已经想好了自己下一步要怎么做，他想通过自己的老师谭献的引荐，到武汉去接触维新运动的中心。他认为，只有摆脱诂经精舍安逸的环境，他才能取得更大的进步，才能找到自己的价值。此时他已经在尝试走上革命的大道了。

然而，谭献还没来得及为他引荐，他就在这一年的年底，去了上海。他走的时候，俞樾极力劝诫他不要走。尽管有所预料，但俞樾还是没有想到，这个在书斋潜心钻研、表现最出色的学生，自己最得意的弟子，会如此彻底地卷入时代的旋涡中。最后章太炎没有听从老师的劝诫，他内心对腐败无能的清朝的愤懑积压已久，他毫不犹豫地走出书斋，去更广阔的世界寻找另一番天地。

二、报馆风云

在上海时务报馆任职期间，章太炎的革命热情被彻底激发出来，他用自己的笔杆，为革命同胞发声，向清政府宣战。

章太炎之所以会来到上海时务报馆任职，还要从他向强学会寄出的那16元入会费说起。当年章太炎一心想要投身革命，立即以诂经精舍学员的身份向强学会寄出了入会费，当时梁启超、汪康年等人正在到处寻觅学术界的有识之士，恰巧看到章太炎有此志向，于是派人到杭州请他来上海入职。

《时务报》

章太炎初入职场，满腔都是热情，当时报馆人手不足，他身兼数职，一个人要干好几个人的活，常常忙到深夜。除了埋头写了大量稿件，他这一时期最大的收获是思考方式上的转变。曾经在诂经精舍研读经学，需要引经据典，搬用大量烦琐的考证，而报社工作是求新求真的。他常常与维新人士交流讨论，慢慢地竟然也可以提出观点尖锐鲜明、具有批判性和现实性的问题了。

在这里，他写了好几篇针砭时弊的文章。其中一篇是《论亚洲宜自为唇齿》，反对和谴责清政府与俄国签订不平等条约；另一篇是《论学会大有益于黄人亟宜保护》，对清政府封禁学会提出强烈抗争。章太炎的这两篇文章，为他打出了名声，也充分展示了他的学识和才气。当时报馆里的人都赞扬他的才学，谭嗣同还特意写信夸赞章太炎，把他的文章和司马相如的文章做比拟。章太炎听后大受鼓舞，干劲十足。

就在章太炎打算在上海报馆大展拳脚的时候，情况却发生了转变。

　　事情要从章太炎和康有为之间的学术观点差异说起。章太炎是研究古文经学的，康有为及其弟子则是研究今文经学的，一古一今，有所分歧是常事。后来，康有为等人表明，他们的变法是要依赖和维护清朝皇帝的，章太炎听后快快不乐，他认为只有推翻清朝的统治，维新变法才能成功。此时，二者之间的分歧已经非常明显了。

　　康有为当时推崇"托古改制"，将自己与孔子放在一起比较，章太炎认为他这是痴人说梦。他们还将孔子神化，宣扬"孔教"，这令章太炎不能容忍。有一天，章太炎醉酒后，大骂康有为的门徒是"教匪"，他说康有为想当比皇帝还厉害的教皇。不料隔墙有耳，这话被康门弟子听了去，引起了他们的愤怒，矛盾一触即发。

　　康有为有个弟子叫梁作霖，是个暴躁性子，听说章太炎这样诋毁自己的老师，他大喊："当初在广东，有个人骂我们康先生，就被我们打惨了，今天还有人敢骂，我们绝不放过！"于是一帮人吵吵嚷嚷就过来要打章太炎。当时章太炎还没弄清楚状况，对方便大出拳脚。章太炎自然也不服软，带着心中的不满，予以还击。自那时起，他的心中就已经萌生了离开时务报馆的想法。

　　让章太炎彻底下定决心离开的，是另一件事。

　　当时孙中山在伦敦遇险，各大报社争相报道。章太炎问梁启超，孙中山是何人。梁启超告诉章太炎，孙中山是革命党人，就像陈胜、吴广那样。章太炎对孙中山的思想早已有所了解，并对他的革命思想非常推崇。听闻梁启超对孙中山作此评价，他心中明了，自己与康、梁政见不同，还是早日分离为好。

　　章太炎决定辞职，汪康年得到消息后极力挽留："留下来吧，这里可以施展你的才华。"但章太炎去意已决。后来，他写信告诉汪康年："报馆一席，断难姑留。投我木桃，在他人或未忍此，况彼自谓久要乎？久要而尤不免于此，则复合之后何如也。凡事离之则双美，合之则两伤。常以笔墨相交，则纪念自生，恐又自此开衅，不如早离为要。"

　　就这样，章太炎结束了第一段职业生涯，重新找寻革命道路。

三、兴浙梦碎

从上海时务报馆离职后，章太炎回到了熟悉的西子湖畔。

章太炎回到家乡，看到浙江仍旧一派祥和安宁的气息，人们沉浸在自己的世界里，没有睁眼看世界，他感到很痛心。他没有选择回到诂经精舍继续研读经学，而是在考虑自己是否应该为家乡做些什么。

这一年的初秋，章太炎与好友宋恕等人在杭州聚议。他们一致认为，应当要承担起振兴中华的责任，即使不能振兴中华，也要把家乡浙江振兴起来。于是他们决定成立"兴浙会"。成立兴浙会的最初目的是振兴浙江，实则是想振兴中国乃至整个亚洲。西子湖畔的这一群年轻人意气风发，他们对家乡充满着热爱，对振兴家乡充满着信心。他们始终相信，这一次一定会做出一番成就。由于章太炎在诂经精舍就读时期成绩优异，后来在上海任职期间又展露了自己的才华，就成了为兴浙会起草章程的不二人选。大家都对章太炎说："枚叔，章程等等的起草，就交给你来办了。"

章太炎接受这一重任以后，很快就从上海的不快中脱离出来，他夜以继日地思索、写稿，终于，《兴浙会序》和《兴浙会章程》不久就面世了。

《兴浙会序》相当于兴浙会的成立宣言。在这篇宣言中，章太炎为了鼓舞浙江人民的革命士气，将浙江土地上诞育出的几代英雄人物尽列其中，作为人们的楷模。有明朝的开国军师刘基，有英勇抗击瓦剌的大帅于谦，有胸怀天下的爱国志士王守仁，有反君主专制的倡导者黄宗羲，还有拼死抗清的张煌言。宣言发布的那天，参会人员受到了宣言的鼓舞，都热血澎湃，不少人热泪盈眶。他们已经做好了振兴浙江、振兴中国的准备，兴浙会，就是他们的大本营。

那年8月，章太炎与兴浙会的重要骨干创办了《经世报》，月底又和王仁俊一起创办了《实学报》，章太炎以这两份报纸为阵地，不断地输出自己的学术观点和革命思想。在《变法箴言》中，他专门讨论了该用哪种方法促进民众觉悟的问题。他认为，要针对不同的人，采取不同的宣传形式。章太炎在对待西学方面，强调要系统、全面、透彻地学习；在对待中国的旧学方面，则要持严谨、踏实、求是的态度。正是这样冷静客观的态度，让他在接触大量新学说的同时，能够清醒地认识到中国社会和中国政治的实际。

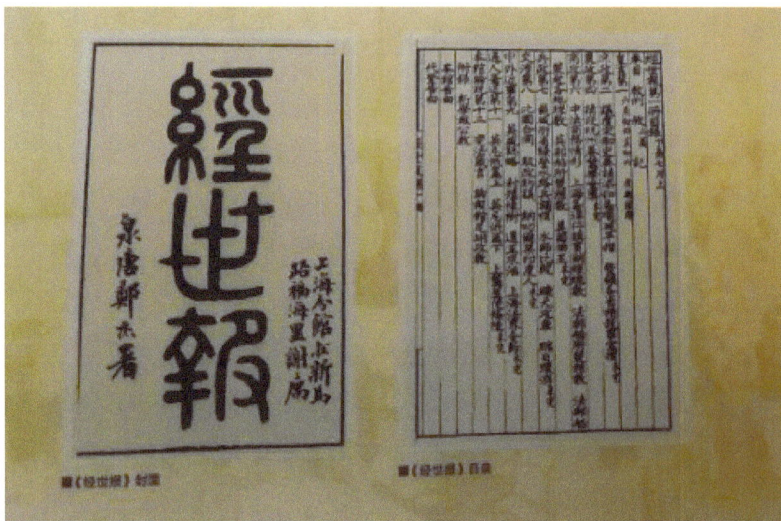

《经世报》

眼看着兴浙会越来越好，章太炎欣慰不已，但很快，情况又出现了变化。

有一天，报馆负责人对章太炎说："你的文字略欠妥当，适当删改会比较好。"章太炎拿回稿件认真审查，稍加润色后再次交稿，可得到的回复仍旧是需要删改。章太炎心存疑惑，当面质问报馆负责人："请你明确告知我，到底哪里欠妥？"负责人先是低头不语，后随便搪塞了几句，也没说出个所以然。章太炎感到更加疑惑，但他还没有因此而怀疑自己，他相信自己已经将思想表达得很透彻了。直到几天后，章太炎看到报纸上刊登的一篇文章，叫作《续拟兴浙会章程》，文章将"兴浙会"改成了"兴浙学会"，这时他才恍然大悟。原来，报馆想要把兴浙会改成只关注学术文章，并不干预政治的学会。章太炎迅速清醒过来，经历过与康门弟子的争斗和决裂，他明白，道不同，不相为谋，如果没有在思想上达成一致，是无法共同前进的，不如早日分道扬镳的好。于是，他对家乡的"兴浙学会"挥挥衣袖，毅然决然地离开了。

四、武昌碰壁

离开兴浙会，章太炎收到了张之洞的邀请。章太炎在诂经精舍学习时就曾动过去武昌的念头，他认为这个地方四通八达，人才集中，学术文化兴盛。当时的他仅仅想去武昌游学，丰富学识，锻炼自己。但经历过康门的委屈和兴浙会的失望之后，章太炎不再是一个满心只有学术的书生了，他的革命念头越来越强烈，他想要找到真正属于自己的战场，找到与自己志同道合的革命友人。

章太炎在武昌，主要和两个人有较多交集：一个是张之洞，另一个是梁鼎芬。

张之洞是晚清的高官，他喜欢将民间的知识分子收到自己门下，而章太炎在报馆的表现，早就被张之洞看在眼里了。他很欣赏章太炎的才气，认为这个青年可以为己所用，所以得知章太炎与兴浙会决裂后，他立即派人向他发出了邀请。章太炎也很爽快地应邀了。

张之洞时任湖广总督，是一个坚定地拥护封建主义的官僚。虽然他知道章太炎主张革命，但仍然很器重他。不过，为了避嫌，张之洞通常白天把章太炎藏在钱恂的内室中，晚上

张之洞

等其他人都撤走后两人再单独谈话，一谈往往就谈到鸡叫时分，开始两人交谈得非常愉快。因为受到张之洞的照顾，章太炎此时的物质生活条件比较好，日常工作也不繁杂，就是协助办《正学报》，这是章太炎第一次接触当权派，如果不是政治观点上的巨大分歧，或许章太炎的生活会过得相对安逸。

当时，张之洞写的《劝学篇》在两湖书院刊刻问世，这部作品分为内、外两篇，内篇务本，以正人心；外篇务通，以开风气。有一天，张之洞兴致勃勃地拿着书本来到章太炎跟前，笑盈盈地对他说："枚叔，说说你的意见吧。"

章太炎见他满心都要维护清政府的统治，心中已是百般不情愿，但看在两人学术观点上的契合，还是看了看《劝学篇》。当看到内篇强调三纲五常和维护封建专制统治的思想时，章太炎心中充满了鄙夷。接着他看到了外篇是一些强调开矿山、修铁路、农工商等实用的内容，于是笑着说："我看了一下，外篇还是不错的，很顺应时势，也有实际价值。"

张之洞听完寥寥几个字的评价，追问道："还有吗？"

章太炎答道："没有了。"

张之洞见章太炎如此无礼，有点生气地说："我个人觉得这部书已经写得非常完美了，你看完居然只有这么简单的几个字的评价，实在是太放肆了。"

章太炎听完更是气不打一处来，为了避免起冲突，他本想简单用几句话敷衍了事，没想到张之洞还想要得到奉承和赞美，于是顶撞了几句。这场谈话就不欢而散了。

章太炎毕竟年轻，总想着将心中的想法告诉他人。他与张之洞闹不愉快过后，写了《艾如张 董逃歌》，从三皇五帝讲起，痛斥张之洞维护清王朝统治的丑恶嘴脸，提倡要革命。这一番言论传到张之洞的耳朵里，张之洞气得火冒三丈，他没想到，两人之间的隔阂居然会大如鸿沟。既然两人之间的矛盾已不可调解，张之洞就让夏曾佑等人劝章太炎离开。

章太炎在武昌碰壁，源自他对革命的坚定。他始终坚持自己的道路，不论外界如何变化，他心中对封建统治的愤恨和对革命的向往始终不变。他的这份坚定，也源自他对身边人或事物的清醒看法。在看清张之洞和梁鼎芬的真实面目之后，章太炎心灰意冷，只在武昌待了一个月就匆忙离开了。

五、再回上海

这次章太炎没有回家乡杭州，而是选择折回上海。章太炎无论如何也没有想到，这次回到上海，会经历那么多曲折。

他刚回来，没有合适的去处，只好一边读经，一边密切关注时局。此时的《时务报》已经被收为官办，而汪康年等人又重新办了《昌言报》。得知章太炎已回到上海，汪康年立即请他担任主编。在这里，章太炎再次拿起笔杆，为革命造势助威。

有一天，章太炎急匆匆地跑来对朋友们说："出大事了！"

大家都被章太炎惊恐的神情吓到了，焦急地问："出什么事了？"

章太炎急忙拿出一份报纸给大家看，原来是慈禧太后扼杀了维新运动，将光绪帝幽禁了起来。后来的事更是让章太炎不敢相信：谭嗣同等六君子在北京菜市口被斩首示众；康有为、梁启超被追捕，双双逃亡海外；到处都在追捕参与维新变法的人，其中包括参与宣传的报馆成员，章太炎的名字也赫然在列。

　　章太炎在躲避追捕时，常常感到愤恨与悲伤。他不时地想到昔日一起为革新而呐喊的同志血洒菜市口的场景。谭嗣同，这个曾经夸赞他的文章可与司马相如相比拟的人，为了维新救国，献出了自己的生命。他忍无可忍，决定不再躲避，他要勇敢地呐喊，誓以一死警醒世人。于是，章太炎拿起笔杆，写下了《祭维新六贤文》，热情讴歌为变法而献身的六君子。

　　当时整个中国都笼罩在白色恐怖之中，慈禧太后听密报说上海还

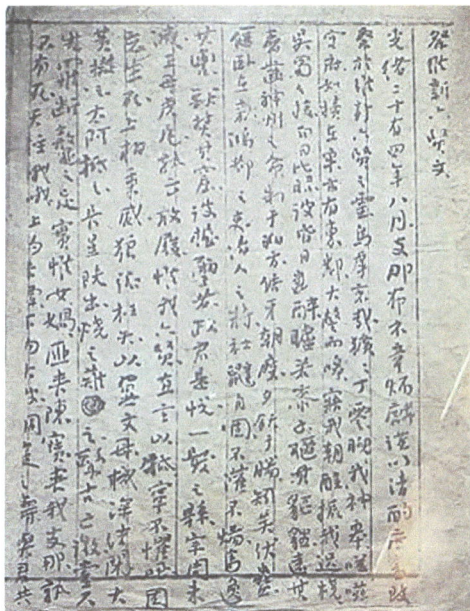

《祭维新六贤文》

有一个人在写文章，而且这个人以前也写过很多反对清政府统治的文章，于是下令必须将他追捕归案。此时的章太炎还不愿放弃阵地，当他的朋友们纷纷劝他离开时，他才意识到事情的严重性。他感到无可奈何，只好听从亲朋们的劝诚离开上海。这是他第一次逃避清政府的追捕。

六、暂避台湾

　　暂避台湾时，章太炎仍旧一边研究学术，一边关注政治形势。在这里，他开始编订《訄（qiú）书》以及历年的政论、学术文章。当时日本人已在台湾设立总督府。章太炎是通过在上海的日本朋友山根虎雄的介绍，才到台湾的。为了谋生，他到《台湾日日新报》当记者。到台一个月后，他写信给汪康年，讲述在台的最大感受，就是清政府鞭长莫及，在这里非常闲适自在。

　　在台湾的这段时间，章太炎还与康有为、梁启超开始了一段友好的交往，后来他称之为"与尊清者游"。有一天，章太炎给远在英国的康有为写了一封信。在信中，章太炎对康有为表达了自己的支持和慰问，也询问了一些以后的打算。这时候的康有为身在海外，收到同胞的来信，感到非

常亲切和欣慰，便立刻给章太炎回了信。当时的梁启超也重新办了《清议报》，章太炎常常寄稿子到报社发表。

章太炎是一个正直的君子，哪怕是寄居在台湾，他仍然坚持自我的道义。他在台湾所写的文章，一部分是指向慈禧太后一方，一部分则指向日本人。终于，他惹怒了日本人。

一天，报社社长被总督训斥了一顿，说是章太炎的言论不可容忍。社长觉得总督管得太严了，聘请章太炎来，是为了秉承报社言论开放的宗旨。社长回到报社，想找章太炎过来谈话，初衷只是想提醒他，日后的言论稍加注意。但章太炎此时已经得知总督对他的文章不满一事，正觉心中愤愤不平，于是他拿起便签写道："你不知道，我要去你那就是趋炎附势，你自己到我这里来，才说明你还懂得尊重我们这样的人。要谈话就你自己过来！"

社长看了便签之后，果然跑到章太炎面前，大声嚷道："真没见过你这样傲慢无礼的人！"

章太炎说："难道你叫我去你那里，就不是傲慢无礼吗？你记住，中国的士大夫是要受到尊重的。"

社长看着章太炎愤愤地说："你要是不愿意在这里做事，便另请高就吧。"

章太炎说："走就走，我还不想在你这儿待了呢！"

就这样，章太炎结束了他为时三个月的台湾逃亡之旅。下一站是哪里，以后的人生要怎么走，章太炎望着辽阔的海天，眉头深锁。

【阅读思考】

1.本单元讲述了章太炎辗转多地的故事，阅读全文，你认为章太炎四处奔走的原因是什么？在奔走的过程中，你看到了他的哪些变化？又有什么东西是没有改变的？请尝试从多方面、多角度思考回答。

2. 课文中说"章太炎问梁启超，孙中山是何人。梁启超告诉章太炎，孙中山是革命党人，就像陈胜、吴广那样"。请查找陈胜、吴广的相关资料，思考为什么梁启超对孙中山的评价，会成为章太炎离开上海的直接原因。

3.本单元讲了章太炎与康有为的两个故事：一个是在上海与康有为决裂；一个是在台湾与康有为交好。请你在通读课文的基础上，发挥想象，假设你是章太炎，这两件事发生后，你当时是什么心情。请你分别写一篇200字左右的内心独白。

【活动设计】

方案一：小组合作探究

1.章太炎在参与革命的前期虽然辗转多地，但在成长的过程中也做出了一些贡献。请小组合作，完成下表。

地点	事件	成就

2.小组合作讨论，完善表格，整理讨论结果。

3.小组代表交流讨论结果。

方案二：自编自演

本单元讲了章太炎与很多人闹矛盾的故事，这些故事表现了章太炎的人物性格。从各个故事之间的变化，又能够看出章太炎的成长。走进人物最好的方法就是情景再现，还原当时的场景，才能更深切地了解章太炎的品性与气节。

　　1.小组合作，确定编演的故事并明确选择的理由。

　　2.查阅资料，恰当编写剧本。

　　3.准备相关道具，确定参演人员及角色，自选时间排练演习。

　　4.周末开展"章太炎故事会演"班级活动。

　　5.总结章太炎的人物形象及其成长变化。

第三单元

割辫明志

【单元导读】

　　本单元主要介绍章太炎初渡日本后的故事。他为避祸逃难日本，遇到了自己钦佩已久的革命家孙中山，开始踏上民主革命的征程；他参与唐才常的"中国议会"，却因反对"勤王"，毅然脱社，选择割辫易服，直面清廷震怒。章太炎一直在探索改造中国的道路，并且愿意为此百转千回。他的人格力量和理想光辉感人肺腑。

　　学习本单元，要在阅读中把握基本内容，了解文章大意；通过品味文章中富有表现力的语言，感受人物形象；还要围绕文章内容，积极表达自己的观点。

1899年6月10日，章太炎怀着满腔怒气离开台湾，他与家人在日本友人馆森鸿的陪同下于台湾基隆登上了一艘开往日本神户的海轮。

一、偶遇梁启超

四天之后，章太炎一行乘坐的海轮顺利抵达神户。神户位于日本西部，是一座风光旖旎的海滨城市。作为日本最早对外通商开放的五个港口之一，在当时就已发展成为日本屈指可数的大贸易港口。这是章太炎第一次踏上日本国土，遇到的又是这样一个车水马龙、人群项背相望的大海港，自然对周围的一切都兴趣盎然。

由馆森鸿先生作导游，章太炎在神户游览了数日，其后，又游历了京都、大津、名古屋等地，尽情领略了异国风情。在参观过程中，一处名叫"耳冢"的地方给他留下了深刻的印象。"耳冢"在日本故宫宫城西北一处不起眼的地方，却藏着一段日本侵略朝鲜的历史。1592年，日本武将丰臣秀吉率兵侵略朝鲜。在战争中，丰臣秀吉的部队割下上万个朝鲜士兵的左耳朵，作为征服异族的战利品，而"耳冢"正是掩埋这些耳朵的地方。

章太炎听完友人对"耳冢"历史的介绍，原本参观日本的兴奋之情丧失殆尽，一股心酸压抑之感涌上心头。他不再说话，一边来回踱步，一边长吁短叹，一副痛贯心膂（lǚ）的样子。过了一会儿，他紧锁的眉头稍稍舒展开来，面色也较之前好了一些，他迈着坚定的步伐走向馆森鸿，目光如炬，铿锵有力地说："丰臣秀吉居然做出如此惨绝人寰的行为！'耳冢'是丰臣秀吉的'战功碑'，更是所有朝鲜人民卧薪尝胆、发愤图强的警示碑。"

一番游历过后，章太炎抵达横滨，并在横滨偶遇梁启超。自1897年春在上海时务报馆与梁启超发生冲突以来，章太炎一直过着颠沛流离、到处碰壁的生活。梁启超也历经千回百折，特别是被慈禧太后下令缉捕后，更是流亡海外、进退维谷，可以说是备尝艰辛。这次章太炎和梁启超身处异国他乡，这两年间又都经历了人生的大磨难，彼此一见面，两人百感交集，都为自己过去的冒失行为悔恨不已。

当时章太炎见梁启超走了过来，当即迎上前去，远远地便伸出了手，梁启超也毫不犹豫地伸出手，紧紧地握在了一起。相互寒暄后，一致表示，当务之急是挽救民族危机。这一次见面，两人冰释前嫌。

在国内，改良派的刊物被明令封禁。万马齐喑（yīn）的背景下，梁启超在日本创办的《清议报》因直言不讳地揭露以慈禧太后为首的顽固派给国家带来的危害，成为国内外爱国青年喜闻乐见的重要刊物。章太炎到日本后孜孜不倦地阅读《清议报》，并多次和梁启超就时事问题促膝长谈，两人志同道合。有时，他们也一同回忆这几年的坎坷经历，当提起张之洞等人时都愤愤不平。

社会剧变最易让人迅速成熟，章太炎在惊心动魄的戊戌政变中，看清了各色人的嘴脸：有的维新志士壮烈牺牲，成为流芳百世、永垂不朽的英雄；有的清朝官员背信弃义，成为声名狼藉、令人唾弃的无耻败类；有的表面一套，背后一套，是阴险奸诈、惺惺作态的势利小人；有的前怕狼、后怕虎，是懦弱无能、缩头缩尾的胆怯之徒。还有一种厚颜无耻的投机分子，在戊戌政变以后伪造证据，给自己涂脂抹粉，标榜有先见之明，献媚于清政府，殊不知自己就像一个戏台上哗众取宠的跳梁小丑——梁鼎芬就是这样一个见风使舵的投机政客。

当年慈禧太后发动政变，将光绪皇帝幽禁在瀛台，杀害了谭嗣同等"戊戌八君子"，并且想要将康有为、梁启超等人斩尽杀绝的时候，张之洞及其幕僚梁鼎芬非但没有为他们伸张正义，反而给他们罗列罪名，助纣为虐。而在维新运动时，梁鼎芬自称新党，参与筹组上海强学会，表现出一副很积极、很热情的模样；戊戌政变发生后，就一改过去附和维新运动的态度，甚至伪造四则电报底稿，说是早已看出康有为等是"千古乱臣贼子"，对维新派百般谩骂，借此替张之洞洗刷，向慈禧太后献媚。

在和梁启超的交谈中，章太炎得知梁鼎芬仍在做帮凶，一腔怒火不由得从两肋蹿了上来，他握紧拳头，好似一头被激怒的雄狮，脱口就吟出一首《梁园客》，揭露梁鼎芬赤裸裸的丑恶嘴脸：

闻道梁园客最豪，山中谷永太萧条。
鸱余乞食情无那，蝇矢陈庭气尚骄。
报国文章隆九鼎，小臣环玦系秋毫。
君看鹦鹉洲边月，一阕《渔阳》未许操。

二、与孙中山相识

章太炎此次东渡最大的收获是与他素未谋面却久仰大名、长期钦慕的孙中山相识。

两年前在时务报馆工作的时候，章太炎曾看到一则消息，伦敦使馆逮捕了一个叫孙逸仙的人，英国首相听闻后，立马以担保人的身份要求使馆释放。章太炎十分震惊，是谁居然能由一国首相担保释放？

梁启超拿着笔，头也不抬，轻描淡写道："这个人啊，试图推翻清政府。"

听到这里，章太炎立马来了兴趣，盯着梁启超，急切地问："除此之外呢？"

"孙逸仙主张革命，大有陈胜、吴广之气概。"梁启超又高深莫测地添了一句。

"革命！"听到这两个字，章太炎有一种找到知音的兴奋之感，他的心情如同激荡的潮水一般汹涌澎湃。他拉着梁启超，渴望获得更多关于孙中山的信息，但梁启超故弄玄虚，闭口不谈。章太炎喃喃自语道："我一定要找到机会与孙逸仙先生切磋交流，听听他的独到观点。"

这次偶然的谈话，不仅让章太炎将"孙逸仙"三个字牢牢地印在心中，还激起了他对孙中山的钦慕之情。时隔两年，章太炎当初于时务报馆立下的志向终于在异国他乡实现了！

那是一个日丽风清、宁静安谧的早晨，章太炎很早就坐在清议报馆了。尽管在日本旅居期间他居无定所，但从小养成的读书著文的习惯已是根深蒂固。正当他帮梁启超审阅一篇来稿时，一位长相清秀英俊的男子走了进来，他看起来温文儒雅、器宇轩昂，特别是一双炯炯有神的眼睛，目光流盼间棕黑色的瞳孔仿佛能迸发出一颗颗的火星，深邃犀利。

在他身边的是梁启超，梁启超见章太炎一副茫然的模样，爽朗地笑了起来，随即郑重其事地向章太炎介绍道："这就是我三番两次向你提及的孙逸仙先生。"

章太炎听到自己仰慕已久的孙中山就在眼前，惊讶得像半截木头般愣愣地戳在那儿，等反应过来后才慌里慌张地说："您就是孙中山先生呀！"

孙中山微笑着点了点头，态度谦和地说："梁先生已向我介绍过您，您的很多言行让我甚是佩服。"

一阵寒暄之后，两人就反清方略进行了探讨。当孙中山谈到不"流血"、不革命，就不能推翻清王朝，就无法使中国振起时，章太炎情不自禁地鼓起掌来，大加赞赏道："孙先生可真是有远见卓识啊！"

章太炎虽将孙中山奉若楷模，但他却始终是一个行不苟合的人。他对孙中山的革命主张连连称赞，但也认为孙中山缺乏实际斗争的思想和才干，无法成为张角、王仙芝那样的起义领袖。可能由于他俩初次见面，彼此相知不深，加之章太炎急于革命，才对其产生信心不足的想法。

但是毋庸置疑的是，两人在横滨的首次会面，不但标志着他们友谊的开始，还进一步激发了章太炎主张革命的思想，使他在革命征途中迈出了新的一步。

转眼间，章太炎在日本住了三个月，他时时关注国内形势，在日本的所见所闻也使他的思想日益深化。背井离乡数月，戊戌政变引起的轩然大波也渐渐平息，章太炎不免有莼（chún）鲈之思（指思念故乡），便从日本潜返回国。回国后，他仍在彷徨，苦苦地思索着救国之路。

三、卷入请愿活动

章太炎作为清廷通缉的要犯，回到浙江后仍不敢公开露面，只能过着匿影潜形般的生活。他将家人安置在余杭老家，只身隐居西湖。彼时的章太炎仍然手不释卷，沉浸于学术，无暇欣赏令文人墨客、隐世山人慕名而来的西湖风景。这次迫不得已闲居湖上，他本可以趁此良机品尽西子湖畔"十里荷花，三秋桂子，四山晴翠。使百年南渡，一时豪杰，都忘却、平生志"的佳境，然而此时国运维艰、民生凋敝，对于一位胸膺（yīng）国事的民族斗士来说，即使有闲身又何来游山玩水的闲心呢？隐姓埋名的隐居生活让章太炎觉得很不自在，他就像本属于天空却一时被禁锢的雄鹰一般急切渴求脱离牢笼。于是，在周围环境稍微宽松后，他便返回了上海。但是他没有想到，一个巨大的考验又在前方等待着他。

1900年1月24日，慈禧宣布立端郡王载漪的儿子溥（pǔ）儁（jùn）为"大阿哥"，并计划于1月31日（正月初一）废黜光绪皇帝，由溥儁取而代之。这一骇人听闻的建储事件传出后，舆论哗然。维新派和上海绅商的反应尤为激烈，上海电报局总办经元善联合绅商1231人于1月27日发电抗议，前50人都署真实名字，虽然章太炎事先并不知晓，但他的名字赫然列于其中。通电公布后，慈禧怒火中烧，下令缉捕经元善及联合列名者，章太炎又一次被追捕。

有不少好友劝他上书有关主事者，向他们说明自己的署名是他人妄加的，便可脱去干系。其中，维新人士汤寿潜致信章太炎，要他向梁鼎芬求情。之后，他还亲自写信给梁鼎芬，将章太炎请愿一事和盘托出。梁鼎芬是张之洞的幕僚，深得张之洞的信任，且章、梁二人曾共在《昌言报》工作，是帮助章太炎从中斡旋的最佳人选。

然而事情的发展远远超出了汤寿潜的意料，章太炎得知汤寿潜写信向梁求援的事后大为错愕，直言不讳地责备他说："你啊你，我知道你是为我着想，但怎么能越过底线向梁鼎芬这类渣滓求情呢？"

"章先生，不要意气用事，您本就是朝廷要犯，加上这一罪名如同火上添油啊！再说，您的署名是经元善代为签之，与您无关，何必惹祸上身呢！"

章太炎听到汤寿潜的这番话，愤慨而痛心地说："我宁愿死，也决不会向梁鼎芬说一个'求'字的！"

此后，他又特地写下《与梁鼎芬绝交书》来表明自己的心志。在《与梁鼎芬绝交书》中，他一方面感谢汤寿潜的好意，另一方面对梁鼎芬诽谤康有为、梁启超的行径大加鞭挞，明确表明自己宁可被逮捕，也不愿通过申辩对经元善落井下石，更不愿向梁鼎芬这种败类乞怜求免。

四、自请家族除名

在上海期间，章太炎投靠的朋友是唐才常。唐才常与谭嗣同是同乡、同学，又是志趣相投的好友。他是一个激进的知识分子，《马关条约》签订后，他怒斥李鸿章是"奸臣卖国，古今所无"。戊戌变法失败后，他既与康有为、梁启超等保皇派交流联系，又与孙中山、陈少白等革命党私下接触。章太炎旅居台湾时，对唐才常的为人、经历已有耳闻，后来又通过书信跟他有过联系。因此，当章太炎到他创办的《亚东时报》找工作时，唐才常当即拍板让章太炎担任时报的主笔。进入报馆后，章太炎主要负责写诗作文，但他也时刻关注着形势的发展，积极参加一些政治活动。

世事变幻无常，眼下社会又动荡得犹如惊涛骇浪中的一叶扁舟，章太炎在此过程中奋力呐喊、厮杀，也从未停止思考、求索，但失败永远多于成功。他就像黑牢里的被禁锢者，摸索出一根火柴，刚因划亮而兴奋时，火柴却无情地熄灭了，留下他带着无尽的悲痛在黑暗中挣扎。这对以天下为己任的章太炎来说是多么的残酷，他心急如焚，迫切希望找到打开通向光明大门的法子。

唐才常

面对八国联军侵犯京津的屈辱事实，1900 年 7 月 26 日，唐才常按照康有为的授意，与严复、容闳（hóng）等知识分子聚集在上海召开"中国议会"，章太炎闻讯后，热情地参与了这一活动。"中国议会"针对中国面临的内忧外患的危机，宣布了救亡图存的宣言：一是保全中国自主之权，创造新自立国；二是决定不认清政府有统治中国之权；三是请光绪皇帝复位。

对于这个宣言，章太炎不以为然，当场就公开表示反对，理直气壮地说："该宣言的宗旨极其模糊，态度暧昧，近乎荒唐，既然不承认满清政府有统治中国之权，又为什么要拥戴光绪皇帝复位？这是自相矛盾啊，实在是荒谬绝伦！"他慷慨淋漓地宣泄着内心的不满，然而唐才常等人固执己见，对他的意见置之不理。

为此，章太炎进行了充分的准备，他特地撰写了一份说帖——《请严拒满蒙人入国会状》，在三天之后的"中国议会"第二次会议上，向全体与会者公开申明自己的主张和态度。他在说帖中谴责清朝统治者屠杀汉族人民、愚弄百姓等种种罪恶，直呼清朝最高统治者的名字，明确宣布自己矢志反清。他号召汉族人民自立，严禁满人、蒙人加入"中国议会"。民族主义思想的火花在章太炎锋利的笔下尽情飞溅。

这份说帖，是章太炎与改良主义决裂的宣言书，是他声讨清廷的战斗檄文，更是他矢志反清、投身革命征途的里程碑。

他没有意识到，深受康有为影响并且主意已定的唐才常又怎会听取他的意见呢？眼见唐才常如此刚愎自用，坚持一面排满、一面勤王的矛盾运动，忍无可忍的章太炎当即拂袖而去，愤然宣布退出"中国议会"，并自此

章太炎剪辫后

与"中国议会"一干人等正式决裂,分道扬镳。

1900年8月3日,余气未消的章太炎一个人坐在寓所里,回想着"中国议会"上发生的情景。他越想越觉得唐才常等人不可理喻,顿时拍案而起,毅然举起桌上的剪刀,"咔嚓"一声剪去了象征着忠顺清王朝的长辫。清朝立国之初便有"留头不留发,留发不留头"一说,留辫是臣服的标志,对于国人来说,留辫的意义就等于留命。1900年的清朝虽危如累卵,但尚在苟延残喘,就像奄奄一息的老虎随时能张开血盆大口,而章太炎竟敢剪掉自己的辫子!这一举动在当时可谓惊世骇俗,却也充分彰显了他义无反顾投身革命的决心。

恰在这一天,章太炎的一位朋友来访,见到散落一地的头发,如遭雷殛(jí)一般呆住了。他简直不敢相信自己的眼睛,结结巴巴地说:"你……居然……敢剪……剪辫子……"

"留这辫子有何用!"他坚决果断地说。看见朋友的包中放有一套西式衣帽,他一不做,二不休,索性脱去清代长衫,换上西装。

从此,他便梳着短发,穿着西装,大摇大摆地走在马路上,公然向清王朝宣战。

章太炎剪辫后撰写了《解辫发说》一文,以明己志,并希望全中国人都能剪掉辫子,站起来与清政府做斗争。之后,他将《解辫发说》连同《请严拒满蒙人入国会状》一并寄往香港的《中国旬报》,请求将文章公开发表,以向世人昭示自己的主张。同时,他还随文附信一封,信中热情洋溢地陈述了自己思想发展的轨迹和对当前形势的看法。《中国旬报》的主编陈少白一口气读完了章太炎的信,拍案叫绝。他将章太炎的信取名《来书》,与其他两篇文章一起发表在《中国旬报》第19期上,且以"本馆志"的形式在3篇文章后面评论道:"霹雳半天,壮者失色。长枪大戟,一往无前。有清以来,士气之壮,文字之痛,当推此次为第一。"

文章的发表让章太炎惊喜万分。但兴奋过后,他深知,自己一意孤行地反清，又做出剪辫易服的举措，清朝统治者是决不会放过自己及家人的：自己为挽救民族危亡粉身碎骨也在所不惜，但若因此连累整个家族实在是罪孽深重。他那颗忐忑不安的心越跳越快，仿佛翻江倒海的巨浪一阵阵袭来，压得他喘不过气……

随后，章太炎秘密潜回余杭老家，与大哥章炳森私下商议。他痛不欲生地说："为了避免章氏亲族因为我受到株连，你们把我开除出族吧！"章炳森心如刀割，但出于对整个家族的考虑，只得含泪答应了。

第二天拂晓，章太炎匆匆地与侍妾王氏告别。王氏仍在病中，一副弱不禁风的样子，她看着自己久未归家的丈夫又要因国事急急离开，心里越想越不是滋味，眼睛突然模糊了，一连串泪水从她忧伤的脸上无声地淌了下来，她抽抽噎噎地说："您一定要走吗？"

章太炎悲不自胜，心情异常沉重，但国难当前，岂能沉溺于儿女私情？他叹了口气，义无反顾地说："我必须走！"

王氏虽然有千万不舍，但她深知自己的丈夫志在四方，即便再三苦苦哀求，也难以动摇他的决心，倒不如让他毫无负担地离开。

"你走吧。"王氏用袖子擦了擦泪，强作冷静地说，"请照顾好自己，家里有我。"

章太炎离开后，章炳森与族人商定，由自己对章氏亲族内外宣布说："章炳麟无视大清王法，割辫易服，既犯王法，又违家规，罪不可恕，故特此声明：将章炳麟开除出族！他一人做事一人当，今后章炳麟在外面闯了什么大祸，概与章氏亲族无涉。"对外宣称驱除章太炎出族。这一轰动性消息以一传十、十传百的速度向外扩散，仓前镇尽人皆知，并迅速传遍各地。

同年8月14日，八国联军攻进了北京城，慈禧携光绪皇帝仓皇出逃。前不久还因联军进犯装模作样高喊"大张挞伐，一决雌雄"宣布抗战的慈禧太后，如丧家之犬狼狈不堪，一边向陕西方向抱头鼠窜，一边向侵略者摇尾乞降。种种事实让章太炎觉得胸中有万千怒火在燃烧。这个怀有凌霄之志的文雅书生，他多想成为金戈铁马的勇士，挥舞起手中利剑，将逃奔陕西的清廷一干人等扫荡得一干二净。

在章太炎为慈禧、光绪西逃而愤恨时，友人遇害的消息传来了。唐才常在上海组织"中国议会"后，便准备发起武装起义。不料，湖广总督张之洞侦知"自立军"起义的消息，决定先发制人，于8月22日逮捕了唐才常、林圭（guī）、傅慈祥等多位起义者，当夜处死。唐才常死前留诗一首，其中两句是"七尺微躯酬故友，一腔热血洒神州"。

得知唐才常英勇献身的消息，章太炎心如刀绞。尽管不久前他与唐才常还因观点的分歧在"中国议会"上争论不休，但此时昔日的恩恩怨怨早已瓦解冰消。对于张之洞，他本来就没有多少好感，但这位一度支持改良的总督大人竟对改良人士举起屠刀的行为还是让他始料不及。后来，他特地撰写了《唐烈士才常像赞》，对唐才常的英勇行为予以肯定和赞扬，失去友人的悲痛和对张之洞的仇恨也一并跃然纸上。

烈士的鲜血催人猛醒！唐才常的献身，更加坚定了章太炎选择反清革命道路的决心！

五、撰写《正仇满论》

世事纷乱如麻，时光却如流水般逝去，春节如期而至。但对于多次被官兵追捕的章太炎而言，美好的新春佳节也不得不在逃难中度过。

章太炎在距家不远的龙泉寺躲避了十来天，他跟寺内方丈相谈甚欢。除了谈论国家大事以外，他们还常常就佛经教义和佛学理论问题相互探讨。可以说，章太炎后来在佛学研究上的建树与龙泉寺方丈的宗教思想和佛学见解对他的启迪是分不开的。

看着风声稍微缓和，章太炎又一次悄悄地回到上海。以往到上海，除了偶尔住旅馆外，章太炎通常住在朋友家。然而这次跟之前迥然不同，他头上没了辫子，脑后索然无物，有时又穿着西装，格外引人注目，再加上他是清政府多次通缉捉拿的要犯，一些原来的老朋友怕受到牵连不敢收留他过夜。偌大的一个上海，他竟找不到栖身之地。但章太炎守其初心，始终不变，对此一笑了之。

1901年4—7月，梁启超在《清议报》上发表了连载长文《中国积弱溯源论》。文章一出来，章太炎就十分关注。这篇2万多字的长文将中国积弱不振的首要病源归结于全体国民素质差，有奴性、愚昧、为我、好伪、怯懦、无动六大弱点；其次归于柄政三十年的叶赫那拉氏；最后，梁启超主张支持光绪皇帝重新执政，夺回慈禧太后手中的权力，继续走君主立宪的道路。

这篇文章将责任强加给全体国民，轻而易举地为专制统治开脱了罪责，章太炎对此不能苟同。此外，他对梁启超长文拥戴光绪皇帝、反对革命的实质更是义愤填膺。他立即写下《正仇满论》寄到东京的《国民报》发表，驳斥梁启超的观点。

《正仇满论》中的一番言论可谓石破天惊，发表后立即引起舆论巨大的轰动。他将梁启超对光绪皇帝复位可使中国转弱为强的想法视为天方夜谭，并且论证了推翻清政府和反对外国侵略者是一致的，最后得出中国要改变国穷民弱现状的出路只有革命这一结论。《正仇满论》是近代中国第一篇批判清王朝和光绪皇帝的文章，也是资产阶级革命派对改良派和保皇派发难的第一篇战斗宣言。可以说，章太炎是革命营垒向保皇主义开炮的第一人。

本就是清政府多次追捕的对象，又写了这样一篇文章，章太炎一步步地将自己推入暗礁险滩。由于找不到安身之处，他只得写信向友人一一询问是否可暂时在他们家中落脚，最后还是多次掩护、营救过他的老朋友吴君遂收留了他。

在上海，在整个江浙人才济济之地，章太炎是公开提倡反清革命的第一人。这使他受到了孙中山的热忱支持，却也使他遭到不少好友的批评和反对。丁惠康因他剪辫易服，宣布要与他断绝来往。得知章太炎居住在上海，曾和他一起主编《经世报》的宋恕立即前来慰问。

当他看到章太炎没了辫子又打扮古怪，疑惑不解地问："章先生，您为何要反清呢？安安稳稳地过日子不好吗？"

"安安稳稳？时事扰攘，人心也随之浮动，潜伏的祸害如同瘟疫般到处蔓延。这样的日子怎么会安稳？"

宋恕被问得无话可说，于是话头一转，极力奉劝章太炎明哲保身，他略带嘲讽地说："你难道妄图以一个手无缚鸡之力的文弱书生的身份，推翻三百年的帝业吗？可笑啊！这可是不自量力的荒谬行为！不如适时急流勇退啊！"

对此，章太炎哈哈一笑，指了指自己的头发，满不在乎地说："我的辫子都已剪去了，其他的还有什么好说的呢？"

居住在吴君遂家中的日子里，他密切关注天下形势，常与吴君遂、孙宝瑄（xuān）等人就时事问题交换意见，几个惺惺相惜的好友相谈甚欢。

　　有一次，孙宝瑄邀请章太炎与吴君遂、张冠霞到金谷香酒家相聚。交谈时，章太炎口若悬河、旁征博引，甚至借用《红楼梦》中的角色比拟当世影响力较大的人物："谓那拉（即慈禧太后），贾母；在田（载湉，即光绪皇帝），宝玉；康有为，林黛玉；梁启超，紫鹃；荣禄、张之洞，王熙凤；钱恂，平儿；樊增祥、梁鼎芬，袭人；汪穰卿（即汪康年），刘姥姥；张百熙，史湘云；赵舒翘，赵姨娘；刘坤一，贾政；黄公度，贾赦；文廷式，贾瑞；杨崇伊，妙玉；大阿哥，薛蟠；瞿鸿禨，薛宝钗；蒋国亮（即蒋智由），李纨；章炳麟，焦大。"

　　孙宝瑄对章太炎的金声玉振心悦诚服，又增补了几个人物："谭嗣同，晴雯；李鸿章，探春；汤寿潜、孙宝琦，薛宝钗；寿富，尤三姐；吴保初（即吴君遂），柳湘莲；宋恕、夏曾佑、孙渐，空空道人。"

　　焦大，在《红楼梦》里是个敢于大骂大观园家长的下层人物，他对宁国府后代纸醉金迷、荒淫无度的生活深恶痛绝。章太炎自比焦大，是因为他也是一个敢于实话实说、不畏强权的人，他会为了民族大义，用尽个人力量将清政府的腐朽愚昧暴露无遗。

　　放眼中华大地，战斗如火如荼，但方向在哪里？出路又在何处？世人不免茫然。章太炎在动荡不安的生活中冷静思考，探索救国之路，此时的他已从改良派的营垒里摆脱出来，向革命派的阵营靠拢，他的思想在不断成熟进步……

【阅读思考】

1. 默读课文，找出本单元主要记录了章太炎先生的哪几件事，试着用自己的话复述给同学听。

2. 本单元在叙述事件的过程中，融合了多种表达方式和修辞手法。任选你感兴趣的一个事件，仔细体味和推敲其中的语言，具体分析这些富有表现力的语言在刻画人物形象上的作用。

3. 为彰显自己义无反顾投身革命的决心，章太炎毅然剪去了对清王朝表示忠顺的长辫，脱去了清代长衫。有些朋友为此宣布要与他断绝来往，但章太炎不为所动。谈谈你对章太炎这一行为的看法。联系日常生活，如果你的同学与你因观点不一发生矛盾，你会怎么做？

【活动设计】

方案一：话剧表演

1. 任选本单元你认为较为精彩的故事，精读课文中描述该故事情节的段落。

2. 利用网络、图书馆搜集相关文献资料，加深对该故事的理解。

3. 小组合作，在尊重史实的基础上充分发挥想象，将该故事改编为话剧，在课堂上进行表演。

方案二：问题研讨

章太炎与友人聚会时，借用《红楼梦》中的角色比拟当时影响力较大的人物，他"自比焦大，是因为他也是一个敢于实话实说、不畏强权的人"。

1. 每个小组从"康有为，林黛玉；梁启超，紫鹃；张之洞，王熙凤；谭嗣同，晴雯；李鸿章，探春……"中任选一位当时的大人物，查阅该人物的生平经历。

2. 精读《红楼梦》中与该人物相对应的角色的描述，记录他的人生事迹和个性特征。

3. 小组探究、讨论两位人物的异同，谈谈章太炎和孙宝瑄的比拟是否合理，并具体说明理由。

第四单元

献身共和

【单元导读】

　　章太炎撰写《谢本师》，为革命与恩师断绝师生关系；在东吴大学任教期间，他仍放言高论，猛烈抨击政府，屡次将自己逼上流亡之路。本单元主要围绕他再次东渡日本避难展开。再渡日本后，他与孙中山正式定交，并加入资产阶级革命派的行列；他在实践中汲取了新的思想营养，重修《訄书》，创立自己的理论体系。

　　学习本单元，试着从不同角度分析人物形象；理解文章主要内容，对其中感人的情节能说出自己的情感体验；能够利用图书馆、网络搜集自己需要的信息和资料，帮助阅读。

东吴大学校门
（在现苏州大学内）

过了几天稍稍安稳的日子，章太炎开始有些惶惶不安了。正巧，吴君遂得知苏州的东吴大学需要中文教员，因学校是美国基督教会创办，章太炎若能成为洋学堂的教员，可以暂时躲开朝廷的追捕，便极力推荐他去那里任教。章太炎虽然不是特别愿意，但穷途末路之下，只得听从吴君遂的建议，从上海启程来到苏州，登上了东吴大学的讲坛。

一、与恩师断绝关系

苏州素来以山水秀丽、园林典雅而举世闻名，章太炎一到苏州，便被苏州飞檐翘角、枕河人家的典型水乡古城之景吸引。东吴大学位于这座古城的东部，自然环境更是无与伦比，校园里树木挺拔苍翠、绿荫如盖。到学校报到后，他被安排做中文教习，居住在学校旁边的一间小屋里。章太炎勤勉尽责，无论做什么事，都追求尽善尽美。给报刊写文作诗，他是大文豪，笔头生花、汪洋恣（zì）肆；给学生讲学授课，他是好老师，妙语连珠、诲人不倦。任教期间，他每天早出晚归、兢兢业业，走在路上还在思考教学问题，甚至有好几次回家时却错过了自己的住处，走到邻居家，闹了不少笑话。有一次，他回家进门时，因为脑子里仍然萦绕着当天教学时出现的问题，竟然忘了跨门槛，结果绊倒在地，把胳膊都摔伤了。

当时的苏州，剪去辫子的人，极为少见。因此，章太炎每次在外面走动，都会成为人们围观的对象。为了避免不必要的麻烦，他只得买一条假辫子装在帽子里。章太炎是个不拘小节的人，每次临出门前，他才匆匆地到处找辫子，然后将辫子的一头胡乱地塞进帽子里。他走路经常高视阔步，一不留神，假辫子就掉到了地上，他不断地弯腰捡辫子，急急忙忙地一把塞进帽子里，结果引得更多的人驻足观看、指手画脚。

他生性不识路途，在陌生的地方常常迷路。从天赐庄到观前街，虽然只有一墙之隔，但章太炎总会迷路。某一次，他又准备去观前街，他在东吴大学的同事知道后，略带调侃地跟其他人打赌说："章太炎走这段路，如果不迷路、不掉辫子，我请大家吃饭。"同事们都捧腹大笑，没有一个人敢应赌。

怀有凌云壮志的章太炎在来苏州前就因关心国事忙得焦头烂额，现在又需要考虑教学问题，更是夜以继日地操劳，再加上他在生活上极为随意，经常蓬头垢面，头发长到遮住眼睛和两颊也不知道去理一下。好在同事中有个姓竺的老师，对他颇为关心，每隔几个月便督促他去理发。令人忍俊不禁的是，章太炎每次去理发，竺先生总要跟着，因为他理完发后往往忘记付钱，所以只能由竺先生代付。按理说，他和竺先生有那么多次的接触应该是很熟的好友了，但让人大跌眼镜的是章太炎竟连竺先生是谁都不知道。他甚至指着一位名叫金书远的同事问："你姓竺吗？"同事们乐得前俯后仰，章太炎见状，如丈二和尚摸不着头脑，只好和大家一起笑。

章太炎到苏州后，听说他的老师俞樾已辞去杭州诂经精舍的负责人，在苏州曲园颐养天年，便登门拜访。在诂经精舍求学期间，章太炎非常钦佩老师的学问，对俞樾毕恭毕敬，俞樾也因这个学生满腹经纶、出类拔萃，对他极为欣赏，两人的师生关系非常融洽。当年章太炎决定离开诂经精舍，俞樾非常不舍，对他一再挽留，他也对老师感激不尽，想到今日又能与恩师见面，一股暖流涌上心头。但是章太炎万万没有想到，他目盼心思的会面竟以不快收场。

四年前还精神矍（jué）铄、神采奕奕的恩师，如今气色已大不如前。俞樾在曲园深居简出，但对重大时事的发展仍然密切关注，特别是对自己的得意门生章太炎近期的所作所为更是了如指掌。当老先生得知曾经的文弱书生成了朝廷追拿的要犯，心中不免一阵惋惜；后又听说弟子断发易服，撰写《正仇满论》，公开与清廷作对，不禁火冒三丈。

俞樾见一脸笑意的章太炎登门，果然如他人所说坠着一条假辫，又衣着古怪，平日里文质彬彬、待人谦和的他竟没有半句问候，只冷冷地看了他一眼，冷若冰霜地说："你来了。"

章太炎从未见过这副模样的恩师，他吃了一惊，连忙问道："恩师，您最近身体如何？"

俞樾剜（wān）了章太炎一眼，指着章太炎的鼻子劈头盖脸就是一顿训斥："我的身体如何？你都干了些什么？背离父母陵墓远游台湾，是不肖之子；提倡革命，撰写文章公然大骂清朝君主，是不忠之民。你简直大逆不道啊！"

章太炎觉得老师吐出的每一个字都像鸟的长喙（huì）想将他啄得面目全非，他痛不欲生。但在涉及革命这一根本问题上，他暂时忘却了拜谒老师的初衷，立即以顾炎武的事例加以反驳，他从容不迫地说："顾炎武被尊奉为清代汉学的开山始祖，他博览古今、学问渊博，在学术上有很高的造诣，早年又参加抗清斗争，终生以光复汉室为己任。我从事反清革命，正是继承了顾炎武通过治经来激发民众民族意识的思想。"

岂料俞樾听后，更是大发雷霆道："像你这样不孝不忠、恬不知耻的人，是应当群起而攻之的！"

章太炎对俞樾的训斥根本无法接受，但老师正在气头上，此时若与老师再次争辩只会适得其反，只得默然而退。他兴致勃勃地前来拜见自己的恩师，却不欢而散，自然心里很不是滋味。

回到学校，章太炎反复检讨自己，觉得自己是从民族大义出发，并没有做错任何事，于是写了一篇题为《谢本师》的文章，宣布与俞樾从此断绝师生关系。在文章中，他不仅反驳俞樾对他的责备，还批评俞樾没有民族观念，认为老师之所以是非不分是因为曾担任翰林院编修，领过清朝的俸禄，于是就替朝廷说话。甚至，他质问道："俞樾老先生，您为何要做清朝的卫道士，昏庸无能的清廷有什么值得您感恩戴德的地方呢？"

但直到5年后，章太炎才将它发表在《民报》第9号上。很快，人们都知道章太炎与老师俞樾断绝了近8年的师生情谊，知识分子们对此议论纷纷，有不少人谴责章太炎不该这样绝情。

尽管章太炎因为与俞樾政见不合而断绝师生关系，但他对恩师的敬仰之情是不容置疑的。《谢本师》公开发表不到一年，86岁高龄的俞樾与世长辞。章太炎当时在日本，听到这个消息后，悲痛欲绝，并于1908年撰写了《俞先生传》，对其学问和品质推崇备至。

还有一次，章太炎到杭州昭庆寺做客，决定到俞樾故居凭吊恩师。他特地穿上长袍马褂，并且嘱咐弟子陈存仁、章次公也换上马褂，一路上，他愁眉不展、黯然神伤。俞樾去世后，其故居已经易主，章太炎对仅存的俞樾遗墨"春在堂"匾额行三跪九叩之礼，在场的学生都为之动容。

章太炎对老师俞樾的真情感人至深，以至于不少人认为他之所以写下《谢本师》，一方面是为了突显他反清之心坚如磐石，连恩师的阻拦都无济于事；另一方面其实是出于对老师的爱护，昏聩无能的清政府极有可能因为俞樾与他有师生关系而施加迫害，他的这一做法可以避免老师受其连累。这与章氏家族假意驱逐章太炎出族一样用心良苦。

二、被迫屡次流亡

章太炎在东吴大学任教前后约一年时间，他和教习们在一起，常常就革命问题侃侃而谈、放言高论。作为中文教习的他，上课很少讲授中文，却大谈民族大义，猛烈抨击政府，他给学生们讲述中国历史上民族英雄的故事以唤起他们的民族精神和意识，并不时以反清革命思想启迪学生。刚开始，师生们都觉得他是个稀奇古怪、离经叛道的人，时间久了，便也见怪不怪了。可是有一天，章太炎做出了一件让早已习惯这个"怪人"的东吴大学师生瞠目结舌的事情。

一次国学课上，章太炎给学生布置了题为"李自成胡林翼论"的作文。李自成是明末农民起义军的领袖，一度攻占北京；胡林翼是清政府重臣，他对清王朝可谓竭尽犬马之劳，是帮助清政府镇压太平天国运动的官员。题目一公布，学生们一下子沸腾起来。要把两个既不处于一个时代，又处于对立面的人放在一起论述，学生一时之间不知所措。章太炎让学生对他们比较评论，是为了帮助学生明辨是非，树立正确的政治观念，逐渐启发学生的革命斗志。但许多学生读不出章太炎的良苦用心，所做文章不知所云。

章太炎出的作文题先是引起整个东吴大学的轰动，舆论哗然，后又不胫（jìng）而走，传到了湖广总督张之洞和两江总督刘坤一的耳朵里。两人秘密商议后，决定由江苏巡抚恩寿设法逮捕章太炎。

1902年正月，天气仍未转暖，寒风席卷着东吴大地。恩寿派人到东吴大学查问，他们找到担任校长的美国传教士，倨傲无礼地说："你们学校是不是有个姓章的乱党？他在学校里蛊惑学生犯上作乱，我们要逮捕他。"但此时正值学校放寒假，他在不久前已回余杭过年。几个当差者只得悻悻而归，章太炎得以侥幸逃脱。

老奸巨猾的张之洞等人怎会因此善罢甘休？得到章太炎在余杭的消息，他们随即密电浙江巡抚任道镕（róng），命令他悄悄捉拿章太炎。

此时正值春节，章太炎在仓前镇老家与家人度岁，却频频得到来自三个方面的消息：一是知交张伯纯致电向他发出警报，浙江巡抚接获密电，准备捉拿他；二是好友吴君遂托人到家中报信，恩寿将派人到余杭缉拿他；三是东吴大学校长派人赶到杭州通知，建议他尽快找个地方躲避。来自三方面的消息，传达着同一个坏消息，章太炎与家人春节团聚的幸福消失殆尽。

世事难料，也不得不让人感慨无巧不成书。一年前的春节，章太炎在仓前老家欢度佳节，得到通知说有人要缉拿他，他被迫躲进龙泉寺；一年后的春节，同一个时间，同一个地点，也得到同样的消息，章太炎思绪万千、愁眉不展，又开始了东躲西藏的生活。

没过几天，正在杭州过年的黄绍箕（jī）、宋恕等多位老朋友相继获得浙江巡抚要逮捕章太炎的确切消息，他们纷纷劝说章太炎离开余杭，再次到日本避难。

也许章太炎的身体里就流淌着不安定的血液，注定要过颠沛流离的生活。社会如一潭死水，而章太炎却有一颗躁动的心，在走投无路的境况下，他只好听从友人们的建议，在他们的细致安排下，于1902年2月22日再次登船东渡日本。

三、与孙中山定交

浩浩东海，风平浪静，水天一色。章太炎在甲板上凭栏远眺，回顾这一年多来的经历，他的奋斗目标终于明确了，选择的方向也终于确定了，他不禁嘴角上扬。同时，这次追捕，清廷的鹰犬们又一次兴师动众，却只能再次扑空。章太炎觉得，这是对追捕他的封疆大臣们的一次示威，是他选择激流勇进的又一次宣言。

轮船于2月28日顺利抵达横滨。与两年前相比，横滨的繁荣有增无减，行人络绎不绝，高楼鳞次栉比，无不让人感慨社会发展带来的飞速变化。这是章太炎第二次到日本，为了革命，为了救国，他不仅要披荆斩棘，还随时面临杀身之祸，但他无怨无悔。

在横滨刚上岸，章太炎便被日本海关拦住了，要求他填写入境登记表。过去中日人员往来，不需要任何手续，下船便可直接入境。但随着留日学生越来越多，清廷为避免革命党聚集日本，便照会日本以入境登记的方法杜绝一切中国革命党。疾恶如仇的章太炎见状极为不悦，提笔便在登记表上乱写乱画。他在姓名一栏写了"中国人"，出身填了"私生子"，年龄填了"万寿无疆"。好在他的书写龙飞凤舞，中文水平有限的日本海关哪里认得出来，摆了摆手就放他进关了。

随后，他便去寻找梁启超。尽管前不久，章太炎还发表《正仇满论》批判梁启超的观点，但他始终认为梁启超是他可推心置腹的朋友；而梁启超对他的批判文章也是淡然处之。

1901年12月21日，梁启超在横滨创办的《清议报》出版了第100期，他提出要为此举办庆典。但不幸的是，第二天，清议报馆失火，《清议报》也不得不宣告停刊。接着梁启超又创办《新民丛报》以取而代之。此时，这一丛刊刚刚创刊，报社仍在清议报馆旧址，章太炎便住在那里，他帮梁启超的广智书局润饰翻译稿，偶尔也给《新民丛报》写点文章糊口。通过这次与梁启超倾心交谈，章太炎对他有了新的认识。他认为梁启超的学识与之前相比有了很大的进步，说起话来也头头是道。

与此同时，一种焦虑感也贯穿章太炎的心扉。因为当时，在日本的改良派和革命派分歧愈发明显。梁启超坚持"保皇"，孙中山主张"革命"，他们各持己见。

1899年章太炎在横滨清议报馆初见孙中山，由于时间仓促，加之人多口杂，二人没有机会阔步交谈，但对孙中山已留下深刻的印象。这次到日本不久，他便专程拜访了孙中山。对于章太炎的来访，孙中山以相当隆重的礼仪接待了他。

孙中山利用会党内部的结盟仪式，邀请兴中会100多位同志作陪，举行盛大的欢迎宴会。宴会开始后，孙中山首先向与会者介绍了章太炎断发易服、撰写《正仇满论》等壮举，在场的人对他刮目相看，后又谈及他的革命思想，一时掌声如雷，最后孙中山郑重宣布与章太炎正式定交。宴会上，大家谈笑风生，面对这么多怀着一腔救亡图存热情的兴中会同志，他为自己不再孤军奋战而倍感欣慰。

这次宴会，是反清革命人士大联合的一场盛会。章、孙二人天涯相会、握手定交，不但是他们人生中浓墨重彩的一笔，而且对中国革命的发展进程也有不小的影响。以后的日子，两人虽然免不了磕磕碰碰，但他们始终是同志，是朋友。

正式定交后，章太炎与孙中山二人常常互通消息，共商国家大事。这次在日本期间，他和孙中山就资产阶级民主革命的土地制度、赋税制度以及建都地点等问题进行了深入地讨论。孙中山敬佩章太炎对事物的敏锐观察力，章太炎也被孙中山的全局思维所折服，他们就像两块磁石一样相互吸引着。

章太炎对中国古代优秀文化如数家珍，他的八斗之才和满腹经纶，给予孙中山很大的启发。章太炎引经据典，侃侃而谈。而孙中山见多识广，他运筹帷幄的高超智慧也使章太炎深受鼓舞。在多次讨论后，章太炎对孙中山"平均地权""耕者有其田"的主张心服口服。他还根据孙中山提出的设想，制定了平均地权的具体方案，命名为《均田法》。

四、历数清廷腐败

为了激起人们对清王朝的愤恨，章太炎和秦力山、冯自由等人多次商议后，决定为明朝灭亡举行纪念会，纪念会地点定在东京上野精养轩。

一切已经准备就绪，消息也沸沸扬扬地传开了。清朝驻日公使蔡钧听说留学生要举行这次活动，惊恐万状，当即密报清廷。清廷指令蔡钧与日本外务省交涉，请求日本政府出面，坚决予以制止。

4月25日，即纪念会的前一天，章太炎等10个大会发起人同时接到日本东京警署的通知书，约他们即日到警署谈话。章太炎特地穿了一件明代的长衫，手摇一把羽扇，与几个朋友大摇大摆地穿城而过。他奇装异服，昂首阔步，一副旁若无人的模样，引得路人驻足观赏、议论纷纷。

到达警署，日本警察劈头盖脸地问："谁是发起人？"

章太炎不假思索挺身而出："我！"

警长对章太炎古里古怪的装扮很惊讶，不怀好意地问："你是大清哪个省的人？"

"我们都是中国人，不是清国人。"

听到章太炎的回答，警长大吃一惊，忙问："那你们是什么阶级的？"

章太炎对日本警长的问题嗤之以鼻，不屑地说："明代遗民，没有阶级。"

警长听不大懂章太炎的话，但能从语气中感觉到他带着不屑和戏弄，于是声色俱厉道："我们奉命，要求你们取消纪念会。"

章太炎等人明白事已至此，再据理力争也是无济于事，便摆出一副置若罔闻的态度，警长只好让他们先回去。

第二天即4月26日，数以百计的留学生因为事先并不知道会议被禁止，肩披黑纱如约而至，但是精养轩附近站满了日本警察，学生一到门口便被驱散。孙中山原本也不知真相，特地带着10多位华侨从横滨赶来参加纪念会。见此情形便当机立断，将会议地点改到横滨并以聚餐的方式避开日本警察的耳目。

当天下午，纪念会在横滨的永乐酒楼顺利召开。参加会议的有60多人，兴中会和中和堂也派代表列席。纪念会由孙中山主持，章太炎宣读纪念辞。在纪念辞中，章太炎历数清王朝统治的残暴和黑暗，特别是在谈到鸦片战争以来，清政府对外交往一直处于被动挨打的局面时，他情不自禁地泪流满面，向在场同志发问道："为什么中法战争中国会不战而败？为什么台湾人民跪求清政府不要割让的呼声朝廷不予理会？中国的前途在哪里？人民的幸福在哪里？民族的未来在何方？"这一连串声嘶力竭的呐喊，句句和泪，字字含悲，在场参会人员无不扼腕叹息。紧接着，章太炎愤然拭去泪水，昂首挺胸，目视前方，疾声大呼民众应继承明末清初抗清斗士的传统，奋起反抗清朝统治。会议开得不大，形式也很简单，但会场气氛热烈，群情激昂，民族主义的思想深深地感染了每一个到会者。

纪念会结束了，章太炎如释重负，同时也满心欢喜。他觉得自己的生命在紧张、充实的日夜战斗中再次被激活。他感到自己这么多年来为反清革命而忙碌奔波的艰辛有了些许的回报，国内外各类人士对自己的不理解甚至攻讦（jié）也似乎都已灰飞烟灭。他现在意气风发，感受到的是一种成功的快乐。

纪念会虽然使用的是悼念明王朝灭亡的陈旧形式，但却是我国留学生在海外有组织的第一次反清革命运动，也无疑是启迪日本留学生"仇清"思想的一次重要政治活动。章太炎起草的宣告书在香港《中国日报》发表后，在香港、澳门、广州等地产生了极大的积极影响。它也标志着章太炎走出了个人彷徨和探索阶段，因为他已经意识到民众在政治革命中的重要作用，必须将革命意识推向社会，让国民自觉地参与到社会大变革中来。

五、潜心修订《訄书》

为了开阔自己的思路，深化自己的认识，给自己所献身的革命提供一个较为系统也具有较强说服力的理论基础，章太炎在日期间购置了一大批日文出版的哲学、历史学、社会学、文化人类学及文学、语言学等方面的著作，并在闲暇时间潜心阅读。这段时间，通过与孙中山、秦力山、梁启超等人的深入探讨，与留日学生的密切接触，以及阅读了大量论著，他有了新的实践、新的思考，学术思想也发生了巨大的变化，他深切地认识到曾经引以为傲的《訄书》初刻本中有许多观点已非常落后，亟须修正。因此，当好友来信说近日国内社会环境稍显宽松时，章太炎当即决定回国。他坚信，他的战场一直都在国内第一线！

章太炎从日本回国后，拜访的朋友纷至沓来，不断有人给他介绍工作。有人让他去上海教育会办《教育杂志》，有人请他到新译书局润饰译稿，也有人大力推荐他到上海广智书局译文。经过慎重考虑，章太炎进了广智书局，他一边替人润色译文，一边自己翻译日文书籍。

日本学者岸本能武太撰写的《社会学》是晚清以来最早传入中国的社会学著作，章太炎在日本期间便对社会学这一新学科饶有兴趣，便动笔翻译了这本著作，译稿完成后由广智书局出版。这是我国第一部全文翻译的外国社会学著作，向中国人介绍新兴的学科，在当时产生了较大的影响。

素有鸿鹄之志的章太炎，他的愿望绝非仅仅藻饰文字。他自幼酷爱中国历史，对历史典籍爱不释手，并从古代论著中汲取了不少有益的思想营养。他认为司马迁、班固、陈寿、郑樵等的旧史都存在不同程度和不同方面的缺陷，计划撰写一部百卷本《中国通史》，一是为了发现社会政治发展的规律，二是想要用历史鼓舞民众，探求社会前进的道路。他有一股超越前人的气概和雄心。

1902年7月到1903年春节前后，他回到余杭故里隐居了半年多。静处乡间，神闲气定，开始执行编纂《中国通史》的宏伟计划，然而在专心修史的过程中，因深居余杭乡里，他遭遇到了史料不足的困难。这使他意识到只有到找资料方便的上海，才能完成《中国通史》的大业。同时又突然想到《訄书》观点陈旧，便决定暂时将修史的计划搁置一边，潜心修订《訄书》。谁知这一搁，日后风云变幻、奔波流离，再也没有机会付诸实施了。

在修订《訄书》的过程中，他吸收借鉴了西方近代论著中的精华，又紧密结合自己多年来从实践中得出的经验。《訄书》修订本大约在1903年初完稿，1904年由日本东京翔鸾社铅印出版。章太炎不仅对《訄书》内容做了重大修改，使其思想内容令人耳目一新，还在文章风格上做出了一些转变。这部著作一问世，便风行一时，被誉为"杰作"。

如果说《膏兰室札记》是章太炎的开山之作，那么《訄书》便是他的奠基之作。这部博大精深的宏著原有50篇，修订后增加为63篇。章太炎一生追求文章的完美，所以对这部蕴藏着自己思想体系的作品倾注了巨大的心血。

《訄书》所录文章可分为五种类型。第一种是"前录"，收录的《客帝匡谬》和《分镇匡谬》两篇文章，是他政治立场发生转变，由尊清走向反清的革命宣言书。第二种是学术史论文，共13篇。他系统地考察了中国古代的各种学说，对语言文字学、历史学等诸多领域进行了深入地研究，论述了从先秦到清末学术的发展规律，追本溯源、品评得失。第三种是哲学理论性文章，收录了17篇，是讨论人类进化、种族形成、语文起源等问题的论文。这是章太炎接受西方新思想，转变世界观、破旧立新的标志。第四种是政治性文章，共25篇。在这部分，他主要考评了中国历史上政治、军事、经济、文化教育等方面的利弊，借此为当时中国的现实问题和社会改造提供参考。因此，《訄书》也是一部中国资产阶级革命史上作为综合阐明革命理论和革命政策的专门著作。章太炎重视历史、研究历史的真正目的是吸取历史教训，总结历史经验，以更好地为革命政权建设提供历史依据。最后一种是介绍史书编撰方法的史学理论性文章，共8篇。他以古为

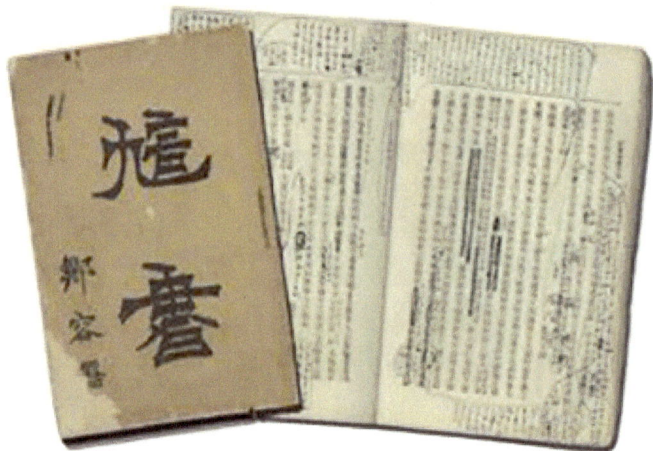

《訄书》

镜，探求社会盛衰的原因，又借古喻今，给人以历史的有益启示。

章太炎饱读诗书、博古通今，他的文章往往语言凝练、条理缜密、气势磅礴，但他爱用古字、典故，著作文辞渊古，这使得他撰写的《訄书》艰深晦涩，再加上《訄书》篇幅虽不算很大，容量却异乎寻常，因此连他的学生鲁迅也说自己"读不断""看不懂"，一般人更是只能望而却步。

在章太炎隐居乡间、废寝忘食地在宁静的书斋中挥洒着自己的才情时，民众的思想开始解冻，学界运动风起云涌，革命斗志日渐高涨。许多爱国知识分子在民族危机迫在眉睫的时刻率先觉醒，革命思想也在中国留日学生和上海新学学生中迅速传播，他们开始不辞劳苦地寻求挽救国家危亡的道路。一度沉闷得让人窒息的上海渐渐生发出了活力，沉寂平静的黄浦江慢慢泛起了微澜。

《訄书》修订完成后，以一片赤诚的爱国热情出发，章太炎义不容辞地投身于时代洪流。这一次，他因宣传反清革命，批判改良观点，在《訄书》出版前已身陷囹圄（líng yǔ）。

【阅读思考】

1. 本单元介绍了章太炎的革命故事和一些生活轶事。通读整个单元，想想课文在生活轶事和革命故事上分别叙述了章太炎的哪些事例，并说说从这些事例中可以看出章太炎具有怎样的性格和品质？

2. 课文记录了不少章太炎为挽救民族危亡做出的感人至深的事件，任选其中一件，结合自己的生活体验，和同学交流你对此事件的看法。

3. 课文中说："孙中山首先向与会者介绍了章太炎断发易服、撰写《正仇满论》等壮举，在场的人对他刮目相看，后又谈及他的革命思想，一时掌声如雷，最后孙中山郑重宣布与章太炎正式定交。"想象孙中山在宴会宣讲时的神态、动作、语言和当时现场的气氛，写一篇300字左右的文章。

【活动设计】

方案一：访谈报告

1. 了解访谈技巧和注意事项。

2. 准备好访谈提纲，访谈对象是仓前镇上的老人，内容为他们对章太炎的印象，尤其是对章太炎第二次东渡日本前后事迹的看法。

3. 周末以小组的形式对身边的老人进行访谈，访谈过程中注意对重要信息进行记录。

4. 形成访谈报告，全班进行交流。

方案二：演讲活动

1. 小组合作，搜集有关"爱国"的名言警句、成语典故、名人轶事或其他经典论述。

2. 汇总、研读本组搜集的资料。

3. 围绕"爱国"的话题，每位同学写一篇演讲稿，要求适当地运用所整理的资料且必须要包含章太炎的事例。

4. 每位同学写好后，在小组内试讲，由各个小组推荐一篇写得精彩的演讲稿和一位擅长演讲的同学参加班级的演讲活动。

第五单元

被捕入狱

【单元导读】

　　本单元主要回顾章太炎作为革命党人的斗争业绩。无论是在爱国学社任教，还是在张园演讲，抑或是在苏报社担任主笔，章太炎始终昂首挺胸，高举革命的大旗，因此卷入了震惊中外的《苏报》案。《苏报》案是清政府封建势力勾结帝国主义联合镇压爱国革命运动的著名政治案件，这个案件之后，民主革命思想的传播和革命运动的发展更加迅猛，极大地推动了中国革命的进程。

　　学习本单元，可以试着朗读文中的诗词，想象文中描绘的情景；在课本上勾画出关键句，并在你喜欢的或有疑惑的地方做标注，还要注意从多方面把握章太炎的人物形象。

一、为《苏报》发声

1902年11月21日，爱国学社在上海南京路泥城桥福源里正式成立。1903年春天正式开学。应蔡元培的邀请，章太炎来到爱国学社任教。

章太炎与另一位老师一同住在爱国学社后楼的一间小屋里。房间很小，只能盘膝而坐。房间下面就是厨房，一日三餐时，厨房中油烟四起，房间里也总是烟雾缭绕。但是章太炎的学术创作并没有因为生活环境的恶劣而搁置，自己房中不能创作，他就携带笔墨稿纸到会客室中撰写文章。会议室、校园空地、花园长廊，只要是安静的地方，都留下了章太炎创作的身影。

虽然在打扮上不伦不类，但是讲起课来，章太炎却是极其耀眼的。他本就博览群书，又师从国学大师俞樾，学识极为渊博，一讲起课来，就旁征博引，滔滔不绝如长江之水。他还常常以明、清烈士事迹来激励学生，使学生们大受鼓舞，革命热情高涨。

爱国学社规定师生每周必须去张园讲学，鼓励学生畅谈革命，公开发表自己对革命的看法。章太炎也常常积极地登上讲台，热情地大唱："革命，革命，只有革命！……"这样的章太炎，坚定不移，毫不畏惧，满腔热血，一心革命，博得了众多革命情绪激昂的听众的欢迎；革命口号更是一呼百应，深入人心，在潜移默化中影响了许多有志学生，将他们引到革命的大道上来。爱国学社逐渐声名远扬。

爱国学社如火如荼地宣扬革命的同时，国内资产阶级民主革命派的第一份报纸——《苏报》也加入到革命行列之中。1903年前后，苏报社社长聘请章太炎为撰稿人。

1903年5月底，章太炎力荐章士钊去《苏报》任主编。当日，《苏报》发表了章太炎的论说《康有为》，文中写道："要之康有为者，开中国维新之幕，其功不可没……今日之新社会已少康有为立锥之地……而天下大势之所趋，其必经过一趟之革命，殆为中国前途万无可逃之例。"他认为，康有为推动维新变法运动功不可没，但他保皇立宪的主张已经不适合当时的中国，革命才是大势所趋，才是中国向前发展的必由之路！这篇论说，充分表现了章太炎革命决心之坚定。在清政府反动统治的高压下，章太炎并没有感到恐惧，也没有选择明哲保身，他在黑暗中激流勇进，始终高举革

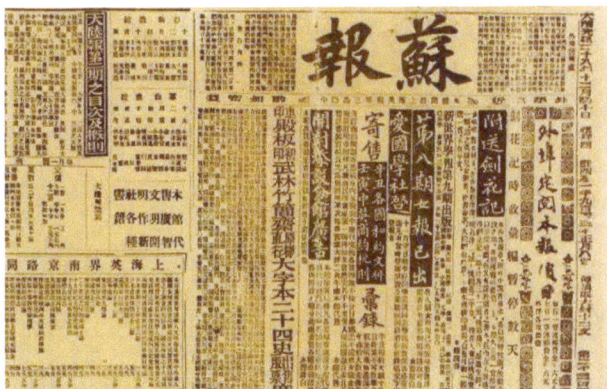

《苏报》

命的大旗，并做好了为革命牺牲的准备。

二、身陷囹圄

《辛丑条约》的签订，充分暴露了清政府的卖国本质，越来越多的人受到革命思想的影响，许多维新人士也纷纷倒向革命阵营，宣布与康有为断交。革命的潮流不可阻挡，康有为的保皇会呈现出土崩瓦解之势。

面对这种危急形势，康有为感到恐慌和忧虑。为了挽回局面，1902年上半年，康有为发表了《与同学诸子梁启超等论印度亡国由于各省自立书》和《答南北美洲诸华商论中国只可行立宪不能行革命书》两封长信，宣扬立宪才是救中国的唯一良方，中国万万不可行革命。为了扩大影响，保皇派将这两封信印成小册子，到处散发。

章太炎阅读了这些小册子后，不禁义愤填膺。他想，都已经到了这种地步了，康有为居然还这么执迷不悟，甚至试图动摇革命派的革命决心！忍无可忍的章太炎挥笔撰写了一篇非常有影响力的长信——《驳康有为论革命书》。这封信写好之后，章太炎曾请人带到香港转交给康有为。也许是天意，又或许是人为，这封信未能交到康有为的手中，后来于1903年5月以单行本出版。冥冥之中，这封未抵达康有为手中的长信彻底改写了《苏报》的命运。

康有为在《答南北美洲诸华商论中国只可行立宪不能行革命书》中说，中国一旦革命，就要血流成河。他实在是太低估章太炎和中国众多革命人士的革命决心了！章太炎对这样的恐吓更是嗤之以鼻，他在《驳康有为论革命书》中驳斥：革命固然要流血，立宪就不流血了吗？西方国家为了立宪也曾尸横遍野，血流成河，那为了革命而流血又有什么可怕呢？章太炎还在信中坚定地表示，今天的世界已经进入民族主义时代，中国要建立以汉民族为主体的近代民族国家，这是时代的需要，也是历史的需要。

《驳康有为论革命书》充分展现了章太炎对中国政治局面的清晰认知和坚定的革命决心。这篇充满了战斗精神的文字就是《苏报》案发前的第一声雷霆，它就像一枚巨型炸弹，震荡着当时的中国。民众反响巨大，引起了清朝反动势力的极大恐慌。

在爱国学社教学期间，章太炎为好友邹容写的《革命军》做了一篇序。他在序中总结了清初以来的反清斗争，尤其是洪秀全领导的太平天国革命失败的教训，阐述了自己的革命理想。章太炎的思想并不似守旧派一般固执，他时刻保持着对社会形势的敏锐洞察力，明辨是非，始终以中华民族的发展大局为重，时时不忘革命，对合理的革命言论大力支持。

从时间上来看，邹容的《革命军》和章太炎的《驳康有为论革命书》几乎同时刊行，一经出版，民众争相购买，各地书局纷纷翻印，一时间洛阳纸贵，风靡一时，不及一月，数千册销售殆尽，使得朝野震动，影响巨大。这是《苏报》案发前的第二声雷霆。

《革命军》

这两声雷霆直接劈向了清政府的统治。面对这样雷霆万钧的局势，众多中国人民觉醒了，他们逐渐明白，革命才是中国走向光明的康庄大道，清政府的腐朽统治才是禁锢中国向前发展的牢笼。可惜的是，清政府不仅没有觉醒，还对民间犹如雨后春笋般萌发的革命意识感到惶恐。在恐惧的支配之下，清政府迅速采取了行动。这两声雷霆，便成了《苏报》案发的导火索。

根据清政府派来的钦差大臣吕海寰（huán）的示意，江苏巡抚恩寿拟了一份重点人物名单，其中就有章太炎和邹容。在清政府的要求下，租界工部局先后6次传讯章太炎等人。大家都有不祥的预感，认为清政府和工部局马上就要对爱国学社和《苏报》下手了，整个苏报社笼罩在一层恐怖阴影下，革命形势不容乐观。有人劝说章太炎赶紧离开，可是章太炎微微一笑，说："革命必流血。革命的道路必然要由无数仁人志士的热血浇筑而成，每一步都是革命的必由之路，你不流血，我不流血，如何革清廷的命？既然革命就是要流血的，要革命，又怎能害怕流血牺牲？"就这短短的"革命必流血"五个字，章太炎革命决心之坚定，可见一斑。

虽然此时大家都安然无事，但危险就在这看似平静的日子里一天天酝酿着、积聚着。没过多久，清政府外交部就下达了严密缉拿的指令，命令魏光焘查办爱国学社和《苏报》的"逆党"。由于有人通风报信，吴稚晖、蔡元培、陈范等能跑的全都跑了，除了一个人——章太炎。吴稚晖曾当面劝章太炎赶紧逃走，可是章太炎不以为然，还骂吴稚晖没骨气，遇到一点小事就吓成这样，终究还是个胆小怕事之人。陈范逃跑时也曾设法通知他赶紧躲一躲，章太炎也没放在心上。他不愿意逃跑，自然有自己的考虑。他想：我章太炎已经被清廷追拿过不知道几回了，还跑什么呢？我敢反清，敢革命，志在流血，这一次我就不跑了，流血牺牲没什么大不了的，为了革命，为了中华振兴，死我一个算得了什么呢？怀着这样的决心，章太炎留在了苏报社，等待命运的安排。

1903年6月29日，工部局警探来到苏报社，出示了拘票，上面有6个人名：陈范、章太炎、邹容和报馆的另外三个职员。这一天，其他人早已逃走了，只有一位职员在办公，当场被捕。在已经有人被捕的情况下，章太炎不仅没逃跑，第二天还照常到爱国学社上班。工部局的警探来到爱国学社，章太炎毫不畏惧，岿然不动。警探手持拘票高声询问："谁是章炳麟？"章太炎本就不抱任何侥幸，也不想连累旁人，他毫不犹豫地站起来，指着自己的鼻子大声说："余人俱不在，要拿章炳麟，就是我！"核对过照片后，警探随即给章太炎戴上了手铐。从一开始踏上这样一条充满艰难险阻的抗争之路，到此刻被捕，章太炎为中国革命事业殚精竭虑，可谓问心无愧。这就是章太炎，永远坦坦荡荡，临危不惧，在革命的路上奋然前行，绝不后退，并早已做好为革命流血的准备。章太炎的学生许寿裳如此评价其师在《苏报》案中的表现："如此英勇无畏，挺然独往，为生民请命，才真是革命道德的实践者。"

1903年7月1日，好友邹容主动投案。

三、据理力争

抓到了章太炎和邹容之后，各国领事为了拿到更多特权，与清政府勾结，没有将案件移交外国法院，而是由英租界会审公廨组织审判。

1903年7月1日，章太炎第一次被审讯。工作人员高声宣布"传中国政府到案"，宣读"中国政府控告苏报社大逆不道，煽惑乱党，谋为不轨"，"中国政府控告章炳麟大逆不道，煽惑乱党，谋为不轨"等，让人听着总觉得不舒服。堂堂一国政府，不为生民请命，不为万世开太平，居然和几个为中国前途殚精竭虑的国民成了对手，成了控辩双方，岂不可笑！当章太炎听到这些话语时，不禁觉得凭借一己之力对抗清政府，也算是他的荣光。这使章太炎更加自信，他相信自己的所作所为是正义的，是民心所向，哪怕他孑然一身，面对千千万万个清政府，他也无所畏惧。章太炎后来形容这场庭审中的清政府"实乃千古之笑柄"。

控辩双方均聘请了两位外国律师。对于章太炎，起诉书上特别指出：章太炎发表《驳康有为论革命书》"诋毁今上圣讳，呼为'小丑'，立心犯上，罪无可赦"，还指控章太炎悍然攻击皇太后和当今圣上。在清政府的严厉指控下，章太炎仍然保持着清晰的思维，表示自己不承认"野蛮政府"。他在自我辩护时强调："因见康有为反对革命，袒护满人，故我作书驳之。所指书中'载湉小丑'四字触犯清帝圣讳一语，我只知清帝乃满人，不知所谓圣讳……"这样强有力又带着一些揶揄嘲讽的反驳，可谓是无懈可击，听众席掌声雷鸣。法官一时之间无法驳斥，他忽然意识到，章太炎是著名学问家，肯定是科举正途出身的，才能拥有这样的名气和学识。于是，法官问章太炎："您得自何科？"章太炎故作糊涂，答："我本满天飞，何窠（kē）之有？"又说："我双脚落地，便不承认满族，还说什么功名呢！"意思是自己从出生开始，就不承认清朝，更别提什么荒唐的科举考试了。听众哄然大笑。这场滑稽的审讯就在听众的笑声中结束了。

庭审完毕，章太炎坐在马车上回巡捕房。这时的章太炎与邹容，通过《驳康有为论革命书》和《革命军》，早已声名远扬，为中国普通大众所知晓，在当时被世人称作"双璧"。那一天，上海街头万人空巷，法庭到监狱的道路两旁人潮涌动，被围得水泄不通。夏日闷热，天气阴沉，可是人们还是争相前往，摩肩接踵，都想一睹这两位革命英雄的风采。章太炎虽身在牢笼，游街示众，可他并不觉得丢脸，反而感到欣喜。道路两旁密不透风的人墙让他明白，他和邹容的革命主张如同种子，已经在中国老百姓的心中生根发芽了，百姓已经明白了革命对于中国未来的重要性。章太炎不禁感慨万千，吟出了一句广为流传的诗句："风吹枷锁满城香，街市争看员外郎。"

此时的章太炎并不知道，为了将"双璧"彻底砸烂，除掉他和邹容这两个心腹大患，清政府早已做好了万全的准备，密谋半途将二人杀害。500余名清军官兵化妆成百姓，等候在巡捕房马车必经的新衙门附近，只等一声号令，便一齐动手，手起刀落，章太炎和邹容便再也无法"兴风作浪"。虽然清政府在人手、时机上思虑周全，可他们忽略了最重要的一点，即租界当局防范严密，不但沿路布满荷枪实弹的巡捕，马车上还有一位英国巡捕陪坐，马车前后均安排有巡捕携剑同行，这样的"铜墙铁壁"，清政府准备再充分，也绝无可乘之机。章太炎和邹容侥幸逃过一劫。

章太炎等人被拘捕后，《苏报》仍在出版发行。有记者在《新闻报》上攻击章太炎身为大清平民，居然不承认大清。工部局传讯章太炎等6人有6次之多，章太炎有机会避走他乡而不走，等着被抓，现在又要聘请律师打官司，这是怯懦，也是自我炒作，是打着革命的旗号，为自己谋取名利，看起来是个革命人士，其实也不过是个利欲熏心的小人，何来革命志士一说！

章太炎听说之后，撰写了《狱中答新闻报》一文进行反驳，文章刊登在1903年7月6日的《苏报》上。章太炎在文中坚定地表示："不能变法当革，能变法亦当革，不能救民当革，能救民亦当革。"章太炎表明自己仇恨清政府已经很久了，大清这座外表华丽，实质却已经腐朽不堪的高楼大厦气数将尽，濒临倾颓，不论是否变法，他都要革大清的命，对于被捕入狱，自己早有准备。朋友们为自己聘请律师，怎么能说是怯懦呢？这难道不是每个站上法庭的公民的基本权利吗？章太炎还在文中自豪地称自己是四万万中国人的代表，这场官司是"清政府与汉种四万万人构成此大讼"，"上可以质皇天后土，下可以对四万万人"，章太炎还写道："天命方新，来复不远，请看五十年后铜像巍巍立于云表者，为我为尔，坐以待之，无多聒聒可也。"坚信中国必将通过革命焕然一新。清政府听闻已经羁押于巡捕房的章太炎竟如此不安分，在狱中还不忘革命，十分恼火。第二天，也就是1903年7月7日，清政府下令查封《苏报》，《苏报》的相关活动全部被迫停止。

1903年7月22日，会审公廨第二次开庭。开庭之前，章太炎撰诗一首，赠予邹容，题为《狱中赠邹容》：

> 邹容吾小弟，被发下瀛洲。
> 快剪刀除辫，干牛肉作馔（hóu）。
> 英雄一入狱，天地亦悲秋。
> 临命须掺手，乾坤只两头！

邹容在狱中后来和诗一首，题为《狱中答西狩》：

> 我兄章枚叔，忧国心如焚。
> 并世无知己，吾生苦不文。
> 一朝沦地狱，何日扫妖氛？
> 昨夜梦和尔，同兴革命军。

这场审讯，双方就章太炎究竟犯了何种罪行争执不下，原告律师没能出示铁证，也没能进行强有力地指控，法庭决定此案审判暂时中止，章太炎等人被继续羁押于巡捕房。由于庭审过程中章太炎先发制人，一度把法庭当作讲坛，严词驳斥清政府的种种谬论，清政府无力反驳，备感惶恐。当天晚上，清政府要求租界当局将《苏报》案罪犯引渡给清政府，甚至提出以沪宁路权为筹码，交换章、邹二人。正在各国政府犹豫不决的时候，7月31日，清政府将新闻记者沈荩残忍杖毙于刑部大牢的消息传出，世人一片哗然，各国政府以此拒绝将章太炎等人引渡给清政府，因为章太炎等人与沈荩犯有类似的言论罪，如果将他们交给清政府，谁也不能保证他们会不会也惨遭杀害。

被羁押的章太炎听闻好友沈荩被清政府迫害致死的消息后撰诗一首，题为《狱中闻沈禹希见杀》，借此歌颂沈荩的斗争精神，表达自己的革命决心：

不见沈生久，江湖知隐沦。

萧萧悲壮士，今在易京门。

魑魅羞争焰，文章总断魂。

中阴当待我，南北几新坟！

邹容按韵和诗一首，题为《和西狩〈狱中闻沈禹希见杀〉》：

中原久陆沉，英雄出隐沦。

举世呼不应，抉眼悬京门。

目瞑负多疚，长歌召国魂。

头颅当自抚，谁为墨新坟。

　　1903年8月27日，沈荩的追悼会在上海举行，章太炎写了《祭沈荩文》，委托章士钊在追悼会上代为宣读。他在文中沉痛悼念沈荩，表示要"复九世之仇，还汉族河山"。

　　1903年12月3日，《苏报》案三审开庭。双方争辩不休，最后还是回到了《驳康有为论革命书》上。面对原告律师的指控，章太炎强调《驳康有为论革命书》是自己写给康有为个人的书信，至于为什么出版，出版后造成了什么影响，这就不是他的事情了。章太炎凭借过人的胆识和智慧，令原告律师哑口无言。但即便如此，会审公廨还是没有撤销对章太炎的指控，12月9日上午，法庭判决章太炎、邹容终身监禁。清廷指派的法官为了彰显清政府的假仁假义，宣称章邹二人按律应当处决，但由于正逢慈禧太后七十大寿，朝廷格外恩典，才保住二人性命。

　　消息传出，舆论再次哗然。不过这只是清政府的一面决定，并不符合英国人的立场，英国方面虽同意逮捕章太炎，但早就暗示过最多不能超过三年监禁，然而对革命派的风吹草动敏感异常的清政府却装作没有听到。判决宣布时，英国为首的领事团和章太炎的辩护律师当场表示反对。英方认为判决不妥，这个结果根本没有和英国租界方商议，除非将刑期缩减为三年，否则不予通过。经过中、英两国反复商议，1904年5月21日，法庭重新宣判，判邹容监禁两年，章太炎监禁三年，罚做苦工，刑满释放后，驱逐出境，刑期自被巡捕房抓捕之日算起。

晚清最后一场文字狱——《苏报》案，到这里便告一段落了。清政府和帝国主义制造了《苏报》案，企图用高压政策将革命的声音禁锢起来。但是与他们的愿望相反，这次事件发生以后，章太炎声名远扬，受到更多有识之士的推崇，《革命军》和《驳康有为论革命书》的影响不断扩大，民主革命思想的传播和革命运动的发展更加迅猛，革命思想在国内外产生了广泛的影响，资产阶级革命派的声势不断壮大。在这场大案中，章太炎的命运起起伏伏，但他的革命决心未曾动摇分毫，不论是从容被捕还是对簿公堂，他都无所畏惧。章太炎明白，清政府已经是苟延残喘，中国必须要革命，革命就是要流血，既然他已经做好了流血的准备，为什么还要为牢狱之灾而恐惧退却呢？所以他坦坦荡荡，不屈不挠，视死如归，愿意为推动中国革命而牺牲一切。

四、命途多舛

判决结果已定，章太炎和邹容开始了在上海西牢的服刑生活。

监狱的伙食很差，饭菜往往难以下咽。当时的狱警大多都是印度巡捕，经常无缘无故折磨或毒打犯人，轻则言语训斥，重则拳脚相加，对犯人非常粗暴。最苦的差事是敲石子，供造房子或铺路之用。刚开始，章太炎和邹容被派去敲石子，完不成定额，就要遭辱骂或毒打。后来章太炎被派去做些缝缝补补的工作，由于眼睛近视，有时候动作会略有迟缓，每当这时，狱卒便持棍殴击。

面对如此艰苦的牢狱生活，章太炎与邹容在暗无天日的铁窗之内互相鼓励，交流思想，并肩战斗。

经常遭受非人的侮辱和虐待，章太炎与邹容实在是扛不下去了。章太炎对邹容说："你我身体如此虚弱，又不可能甘心受到他们的侮辱，与其被这些人凌辱殴打而死，还不如我们早点自我了断，但是你的刑期短，你应该坚定地活下去，如果我死了，他们一定会因为担心外界讨伐而改善你的生活条件。"邹容闻言表示愿一同赴死。可是在狱中，想死并没有那么简单。监狱有自己的管理体系，为了防止犯人自杀，所有能自杀的工具早就被收走，所以他们的自杀方式只有一个——绝食，也就是饿死。主意已定，章太炎和邹容一起作了三首绝命诗：

其一

击石何须博浪椎？（邹）

群儿甘自作湘累。（章）

要离祠墓今何在？（章）

愿借先生土一坯。（邹）

其二

平生御寇御风志，（邹）

近死之心不复阳。（章）

愿力能生千猛士，（邹）

补牢未必恨亡羊。（章）

其三（其三为章太炎独作）

句东前辈张玄著，

天盖遗民吕晦公。

兵解神仙儒发冢，

我来地水火风空。

绝命诗完成后，章太炎和邹容便开始绝食了。说来也怪，绝了五六天，除了咳嗽吐血之外，根本没有要死的迹象。狱友告诉章太炎："有的人绝食40多天还死不了，你才五六天，当然没有用了，其实你不必这样做，这个监狱每年都要死100多个人，真想死的话不必着急。"狱友的话启发了章太炎，他和邹容停止了绝食行动，从此但凡遇到狱卒想欺负他们，章太炎便以其人之道还至其人之身。章太炎知道自己不是这些强壮的狱卒的对手，但他更知道司马迁所说的知死必勇的道理。自己很难活着出去，终是一死，何必忍气吞声受折磨？章太炎虽然是一介书生，手无缚鸡之力，但也不愿意受到这样惨无人道的侮辱与虐待。他因此也受到狱卒的梏刑，"其法以帆布为梏，反接两手缚之，加以木楔，名曰'软梏'。梏一小时许，则血管麻木，两臂如针刺状，虽巨盗弗能胜，号呼宛转，声彻全狱。其虐较拶指为甚"。章太炎受尽折磨，但他还是一次又一次地进行反抗。

监狱里什么样的人都有。章太炎名号响亮，犯人见到他，都恭恭敬敬地称他"先生"。有一个犯人叫徐福生，是个文盲。章太炎知道后，每天不做工的时候，就耐心教他识字，仔细为他讲解，日复一日，无所怨，无所求。等到出狱的时候，徐福生已经能读会写了。徐福生后来称他为"人中麟凤"。章太炎逝世后，徐福生撰写了《铁窗感遇记》来怀念这位章先生。

章太炎在狱中可以阅读报纸杂志。朋友想办法给他送来留日学生创办的《浙江潮》《江苏》等杂志，章太炎看得十分仔细，不愿意放过任何与革命有关的消息。狱中并不禁止犯人写字，章太炎便没有闲着，经常为这些杂志写稿，还为它们提出了不少意见，希望这些杂志不断改进，成为推动革命的有力武器。他还在狱中给孙中山写过一封信，在狱中给革命领袖孙中山写信是非常危险的行为，但是章太炎根本不在乎，在他眼里，只有革命才是值得他深思的大事。

章太炎在狱中研究了佛学，他那颗狂乱的心渐渐平静下来。虽然饱受苦难，但钻研佛学后他常常能做到心如止水，他吃得下，睡得着，这也是章太炎在狱中无病无灾，身体硬朗的原因之一。可是年轻气盛的邹容由于饮食恶劣，终日劳作，还经常被狱警训斥毒打，再加上心情郁结，身体每况愈下。1905年4月3日凌晨，在没有任何征兆的情况下，年仅20岁的邹容突然停止了呼吸。第二天，章太炎见到了死去的邹容，他明白，这个与自己一样，坚决不屈服于封建主义和帝国主义压迫的革命者，离开了。章太炎"往抚其尸，口张目视，恸不能出声"。1922年，章太炎撰写了《赠大将军邹容墓表》，由于右任书写，刻石碑于邹容墓。他在住所的墙上挂了一幅邹容的遗像，前面放置了一块横板，上面放着香炉，每逢初一、十五都净手上香，为邹容祈祷。章太炎晚年迁居苏州，也在家中悬挂邹容遗像，为邹容上香，直到逝世。

1906年6月29日早上，又是一个炎炎夏日，上海四马路工部局巡捕房门口突然热闹起来。原来这一天是章太炎服刑期满的日子。蔡元培、于右任、朱少屏、柳亚子等人早已在门口迎候。全国各地发来10余份电报，祝贺章太炎重获自由，可见其影响之广。上午11时，章太炎走出囚禁了他三年的监狱，众人鼓掌欢迎。章太炎微笑着一一打招呼后，与众人一同乘上马车。有人问章太炎："先生，你准备去哪里？"章太炎说："中山在哪里，我就去哪里。"此时的孙中山正在日本等候着章太炎的到来，这辆马车便载着章太炎，驶向了一个更需要他的地方。

【阅读思考】

1.本单元讲了章太炎的几个故事？是令人愤怒的、感人肺腑的，还是大快人心的？你读到的章太炎是教书育人、以笔为剑的，还是奋起反抗、决不妥协的？试着用自己的话概括一个你最喜欢的或让你感受最深的故事，为这个故事取一个小标题，并说一说在故事中章太炎具有怎样的性格和品质。

2.章太炎在《狱中答新闻报》中说："天命方新，来复不远，请看五十年后铜像巍巍立于云表者，为我为尔。"身在狱中的章太炎面对外界的质疑与诟病，坚定地表达了革命必胜的信念。章太炎革命胜利的预言成真了吗？五十年后的中华大地与当时的中国相比，发生了什么样的变化？搜集相关资料，结合课文和自己的生活体验，与同学交流你的看法。

【活动设计】

方案一：情景剧

通过本单元的学习，你感受到章太炎跌宕起伏的命运了吗？被捕之后，章太炎经历了三次庭审，每一次庭审都是一场精彩的辩论，章太炎每每都使对手哑口无言。

1. 熟读课文中与三次庭审相关的情节，并搜集一些相关的课外资料，了解前因后果。

2.结合课文与资料，开展合理的联想，小组合作编写剧本。

3.根据小组编写的剧本分配角色，试着模拟当时庭审的情景，演一演。

方案二：诗歌朗诵活动

本单元共有7首诗。这些诗是章太炎与邹容的情感交流，是章太炎对被迫害致死的好友的悼念，是章太炎坦然入狱的无畏，是章太炎革命之心不死的绝唱……

1. 每位同学从本单元的诗中选取一首自己喜欢的，借助工具书理解这首诗的大致含义，并谈一谈喜欢这首诗的原因。

2. 举行班级朗诵会，每位同学朗诵自己选取的诗歌，要求：

（1）使用普通话，声音洪亮；（2）语气、语调适当，重音、节奏恰当；（3）表达感情准确、自然。

3. 组织学生评委选出优秀诗歌朗诵者，请他们谈谈自己对诗的理解和诗歌朗诵的方法。

第六单元

主持《民报》

【单元导读】

　　本单元讲述了章太炎第三次东渡日本后的遭遇。出狱后的章太炎东渡日本，加入了中国同盟会，成为中国同盟会的机关报——《民报》的总编辑。这一时期，章太炎在同盟会的欢迎仪式上发表了鼓舞人心的演讲；在与《新民丛报》的尖锐论战中"冲锋陷阵"，抵制改良派的政治影响，促进革命运动的发展，指引广大革命群众斗争的方向，《民报》一时成为革命斗争的号角。《民报》被封后，章太炎回归学术，开设了国学讲习会，以全部精力投入国粹研究。

　　学习本单元，要在整体把握文意的基础上，学会通过划分段落层次、抓关键语句等方法，理清作者思路；学习用典型事件来表现人物性格的方法；在阅读过程中画出打动你的地方，简要记下你的阅读感受。

按照会审公廨当年的判决，章太炎出狱后三天内必须离开租界。很多朋友担心他走出租界，就会被清政府逮捕，因而纷纷劝章太炎早日离开上海。基于这种担心，章太炎在出狱的当天晚上便拿着同盟会预先购买的船票，随孙中山派来的同盟会代表登上了驶往日本的轮船，第三次东渡日本，继续他未完的革命事业。

一、入同盟会

初到东京，章太炎借住在朋友的寓所里。1906年7月7日，在朋友的介绍下，由孙中山亲自主持，章太炎正式加入了中国同盟会，同时应邀担任《民报》的总编辑和发行人。《民报》是同盟会的机关报，前身是华兴会的刊物《二十世纪之支那》，后更名为《民报》。这次同盟会邀请章太炎来日本，其中一个重要目的就是邀请章太炎主持《民报》。当天，章太炎就入住了位于东京的《民报》编辑部。

《訄书》当年蜚声海内外，大家公认章太炎是大儒；《苏报》案发后，章太炎在铁窗之中被禁锢三年之久，大家公认他是一个革命家。章太炎来到东京，受到了中国同盟会和众多日本留学生的热情欢迎。待章太炎将一切安排妥当后，1906年7月15日，同盟会总部主持了一场隆重的欢迎会。东京留学生2000余人，冒雨来到东京神田町锦辉馆。由于参加的人数众多，场馆面积有限，不仅场内座无虚席，连走廊过道也站满了慕名而来的学生与革命人士，还有许多人无法进入会场，只能站在外面，会场内外人潮涌动。

章太炎在会上发表了热情洋溢的演讲，讲述了自己平生的经历与近日办事的方法。他滔滔不绝，情绪激昂，从上午9点到中午12点，讲了3个多小时；场内听众没有人离开，场外听众"咸植立雨中，无惰容"，就这样淋雨站着听讲。看着眼前黑压压的人群，看着一张张年轻而又坚定的脸庞，章太炎的眼睛湿润了。他入狱的时候，革命的理想还未普及，革命的种子还未发芽；他苦度铁窗生涯的时候，反清的革命形势急转直下；如今，革命的理想已经深入人心，真是"洞中方一日，世上已千年"。他对日益增长的革命力量表示无限兴奋。他说，自己之前来到日本的时候，那时候留学生里面，算得上志同道合、热心救国的不过一两个人，"不料三年监禁

以后，再到此地，留学生中助我张目的人，较
从前增加百倍，才晓得人心进化，是实有的"。
人民心中革命的因子终于被激活了，章太炎很
是高兴，他似乎看到了革命成功的希望。章太
炎还主张弘扬"国粹精神"，即语言文字、典
章制度和人物事迹，"那种爱国爱种的心，必
定风发泉涌，不可遏抑的"。这篇著名的演说
词，不久在《民报》第6号刊登出来。

章太炎

　　章太炎在欢迎会的演讲中讲到自己的革命
经历时说，一般人都不愿意承认自己是"疯
癫"和"神经病"，而自己听了"反倒格外高
兴"。为什么呢？他说："大凡非常可怪的议论，不是神经病的人，断不能
想，就能想也不敢说。说了以后，遇着艰难困苦的时候，不是神经病的人，
断不能百折不回，孤行己意。所以古来有大学问成大事业的，必得有神经
病才能做到……为这缘故，兄弟承认自己有神经病；也愿诸位同志，人人
个个们都有一两分的神经病。近来有人传说，某某是有神经病，某某也是
有神经病，兄弟看来，不怕有神经病，只怕富贵利禄当现面前的时候，那
神经病立刻好了，这才是要不得呢！"这就是章太炎对"神经病"的认识，
难怪他"疯疯癫癫"，不修边幅，对"疯子"的绰号也毫不在意了。相反，
章太炎说："我要把我的神经病质，传染给大家，传染给四万万同胞。"这
种"神经病"，并不是粗放鲁莽，乱打乱跳，而是要把细密的革命思想，装
在"神经病"里。

　　12月2日，《民报》举行创刊一周年纪念大会，黄兴主持，章太炎宣读祝
词。他在这篇祝词中庄严宣布："《民报》从此以后唯有高举民族主义大旗，
率领我四万万兄弟姐妹同心戮力，宣扬国光，为建立民国而奋斗。"

二、《民报》被封

　　章太炎主持的《民报》在日本如此竭力地宣扬革命，再这样下去，革
命派势必形成压倒性的优势，必定会对清政府的统治构成威胁；清政府坐
不住了，决不能允许《民报》再存在了。1908年7月，日本组成新一届内

《民报》发刊词

阁政府，向清政府提出在中国东北取得若干权利的要求。为了向清政府示好，以便获得更多利益，1908年10月19日，日本政府正式封禁《民报》，要求《民报》停止发行和销售，理由是败坏风俗、危害秩序，违背了日本《新闻纸条例》。这些理由当然不是真正的理由，只是日本政府扣在章太炎和《民报》头上莫须有的罪名。

面对日本政府的无理查禁，章太炎奋起抗争。10月20日，他向当地警察署提交了一封抗议书，没有得到回应。10月21日，章太炎又向日本内务大臣发出一封抗议信。10月23日，警察署长向章太炎展示了内务省命令的原件，奉劝章太炎接受命令书并坦率告诉他"此事关于外交，不关法律"。章太炎与清政府对抗了这么多年，太了解清政府了，一下子就什么都明白了——这一定是清政府与日本政府之间的肮脏交易。他再次致信日本内务大臣平田东助，痛斥日本政府以扼杀《民报》为条件与清政府私下交易获利的行径，他坚定地表示"本编辑人兼发行人宁为玉碎，不为瓦全"。10月26日，章太炎给日本内务大臣写了第三封信，一针见血地指出了日本政府见不得人的目的，然而这封信还是石沉大海了。

与政府沟通无望，章太炎只能另辟蹊径。他想要重刊《民报》，把日本政府查封《民报》的真相大白于天下。但是《民报》已经被封了，他已经失去了宣传的工具，而且仅凭他一个人，哪里能撼动日本政府的决定呢？章太炎没有善罢甘休，他选择借助人民的力量，他将自己撰写的《报告〈民报〉二十四号停止情形》和写给内务大臣的3封信印制成传单，在海内外四处散发。海内外先进人士获知真相后，纷纷表示支持。

这件事在国际社会闹得沸沸扬扬，日本政府颜面尽失，异常恼火。但这一次，日本政府走的是一条迂回路线。一天，警察署上门告诉章太炎一个"好消息"，称外务省可以送他一笔旅费，供他到印度考察。虽然章太炎之前确实有过去印度的想法，但是天上怎么会突然掉馅儿饼，而且还是日本政府的馅儿饼？章太炎和政府打了许多年交道了，一眼就看出这是黄鼠狼给鸡拜年——没安好心。日本政府将他视为眼中钉、肉中刺，送他出境，这样既能平息《民报》事件，又能避免落人口实，至于章太炎能不能顺利到达印度，自然另当别论。章太炎看穿了日本政府的阴谋诡计，当场拒绝。

日本政府机关算尽、软硬兼施，都奈何不了章太炎，也消磨不了章太炎高涨的反抗情绪。如果说日本政府是熊熊烈火，那么章太炎就是顽强生存的野草，他虽然羸弱、渺小，但没有什么东西能真正压倒他；烈火灼烧，也无法毁灭他。他永远顽强，永远富有生命力。

章太炎在日本政府频繁的迫害下，终于忍无可忍，和日本政府在东京地方法院打了一场官司。这是章太炎第二次在法庭上成为一国政府的对立方。1908年11月25—26日，日本东京地方裁判所三次开庭对章太炎进行审讯。在日本的华人听到开庭的消息后，从四面八方赶来旁听。两天的庭审过程中，日本方面提出的起诉理由是：《民报》主张颠覆清政府，革命一旦爆发，日本作为中国的邻居，可能会有许多人依样效仿，这必定要导致严重的后果。这样站不住脚的指控，引得章太炎继《苏报》案之后，又一次在法庭上慷慨陈词，令日本政府哑口无言。章太炎在自我辩护中说：日本说我扰乱治安，一定要有实际的证据，如果我买手枪了，我窝藏刺客了，你们或许可以控告我扰乱治安，但这些东西我都没有，我所有的，不过是一笔一墨，几句文字，如何能扰乱日本治安？日本说我违反了《新闻纸条例》，条例禁止的是新闻扰乱日本秩序，并没有禁止新闻扰乱他国秩序，《民报》所说的革命，只是针对清国内部情形，要革清国的命，从来没有说要革日本政府的命。所以清国还有资格说我们扰乱秩序，日本没资格说我们扰乱秩序。《民报》宣扬革命，是因为中国从来不讳言革命，汤武革命，应天命，顺人心，这是中国圣贤代代相传的至理名言。革命是无罪的，怎么到日本就成了罪状呢？在中国的法律中，造反有罪，但革命是无罪的。在中国历史上从来没有因为革命而被判处有罪的人，所以就算在中国，我们也是无罪的。在日本却说我们有罪，你们总说自己先进开明，不觉得可笑吗？《民报》所有的文字言论，即使能鼓动人、煽惑人，也只会是中国人，关日本人什么事呢？况且，言论自由、出版自由，是一切文明国家最起码的政治原则，你们日本不是号称自己是近代文明国家吗？这不是自食其言，打自己的脸吗？

章太炎引经据典，咄咄逼人，句句切中要害，审判长无言以对，听众席不时爆发出热烈的掌声。尽管如此，日本政府还已决定封禁《民报》。12月12日，东京地方裁判所开庭宣判判决结果：

（一）《民报》禁止出版发行；

（二）《民报》编辑人罚款50日元，发行人罚款50日元，《民报》发行所抵制变更未及时申报罚款15日元。

章太炎既是《民报》的编辑人又是发行人，合计被罚款115日元。性情刚烈的章太炎不服从判决，拒绝缴纳罚款———一是不愿交，二是没钱交。于是东京警察署下令将章太炎拘留，并宣布将章太炎押往劳役场服苦役，每做一天苦工，抵1元罚金。后来，章太炎的学生们多方努力，凑齐罚金，这才使章太炎免于苦役。

《民报》的历史使命结束了，但它宣扬革命、倡言革命，充分揭露了帝国主义和封建主义的罪恶，猛烈抨击了资产阶级改良主义，这种"虽千万人吾往矣"的精神和其对革命产生的巨大作用和深远影响，将永远载入史册。章太炎为《民报》、为革命所做的抗争，也会永远为历史所铭记。

三、日本讲学

章太炎深厚的学术造诣早已为人知晓。1906年9月，章太炎主持《民报》期间，应留学生和日本汉学界的邀请，在日本东京成立了"国学讲习会"。

章太炎在为革命摇旗呐喊的同时，一直没有放弃对学术的研究。《民报》停刊后，同盟会处于分裂状态，章太炎虽挂名光复会会长，但一时也没有方向，因此便以全部精力投入到国学研究之中。《余杭章先生事略》记载："先生尝言学术在野则盛，在朝则衰，故于私人聚徒讲学之风倡导甚力。"当时在日本的中国留学生人数很多，但大多经济窘迫，许多人希望学习国学，可是付不出学费。章太炎决定免费为中国留学生讲授国学，不收一分一毫，只要愿意来听，随时欢迎。

当时听课的学生有100多人，多是中国留学生，也有一些日本人。章太炎讲课的地方不固定，学生感觉不便，后来改在神田的大成中学讲堂，每周授课2次。除了讲授中国历史外，章太炎还主要讲授小学。当时开设的课程主要有《说文解字》《尔雅义疏》《广雅疏证》等。章太炎逐字讲解，侃侃而谈，上至天文，下至地理，无不信手拈来，显示了他深厚的文学功底。

根据学生学习进度，章太炎又为周作人、鲁迅、钱玄同等单独开设一班，授课的地方在民报社的一间屋子里，条件非常简陋，屋子很小，仅可容纳七八人。老师和学生十分随意地围坐在一张榻榻米上，中间置一茶几，师生席地而坐，章太炎一人坐一面，学生分散坐三面。

事后多年，对于当时讲学的情景，章太炎的弟子许寿裳回忆说："每星期日清晨，我们前往受业，在一间陋室之内，师生环绕一张矮矮的小桌，席地而坐。先生讲段氏《说文解字注》、郝氏《尔雅义疏》等，神解聪察，精力过人，逐字讲解，滔滔不绝，或则阐明语原，或则推见本字，或则旁证以各处方言。自八时至正午，历四小时毫无休息，真所谓诲人不倦。就是有时随便谈天，也复诙谐间作，妙语解颐。"

生活中的章太炎不苟言笑，他的文章也深奥难懂，想不到讲起课来语言诙谐，生动活泼，听课的学生都有茅塞顿开的感觉。学生这种美好的感觉源自章太炎学问的博大精深。许慎的《说文解字》一般人将它视为字典，需要的时候才去查阅。可是章太炎不仅读了，还读通了，读到对每一个字都了如指掌，讲起课来如鱼得水：有的部首沿用旧说，有的部首发挥新意，使枯燥的材料也变得很有趣味，他的讲学到了出神入化的境界。对于听课的学生来说，上课是一种享受，这样的课堂令他们终生难忘。

那个时候，章太炎在经济上很困难，每天一般只吃两顿饭，而且都是素的，有时甚至整天不吃饭，常常饥肠辘辘，但他给学生们讲起课来，却精力过人。小小的屋子里坐满了学生，大家静心听课，无拘无束，谈笑风生；章太炎讲到兴起时，唾沫星子四处飞溅，所以周作人笑他"看上去好像一尊庙里的哈喇菩萨"，而不像是一个大学者。

1910年，章太炎的长女要出嫁了，女儿要嫁的人是章太炎的学生龚宝铨。当时章太炎实在是太穷了，根本无力为女儿办一个像样的婚礼。章太炎的长子章导回忆，当时他的大姐、三姐都跟随父亲流亡日本，生活极为艰苦。章太炎从不带她们上饭馆，只是偶尔给她们一两个小钱买零食吃。有一天，父亲带了大姐、三姐、龚宝铨一起去饭馆吃饭。饭后，父亲只带了三姐回来。三姐奇怪地问父亲，为什么大姐不一起回来，章太炎说，大姐随未生（龚宝铨字未生）去了。三姐这才知道这顿饭就是大姐和龚宝铨成亲的婚宴。

在日本讲学期间，章太炎虽然生活极为艰苦，但依旧热心从事革命和讲学这两项艰巨而又繁重的事业，投入讲学时也不忘宣扬革命。他在讲学时除了传播祖国优秀的民族文化遗产之外，还利用讲坛怒斥清朝封建专制统治的残忍，慷慨激昂地讲述民族英雄的历史故事，积极宣扬革命思想。章太炎以自己大无畏的革命精神和精深博大的思想与学识，培养了很多优秀的人才。近代中国许多新文化运动的倡导者，如鲁迅、钱玄同等都出自章太炎门下。

1911年10月10日，革命党人在武昌发动了武装起义，革命烽火很快燃遍全国，各省纷纷宣告独立，孙中山被推选为临时大总统。武昌起义成功的消息传到了日本，章太炎得知这个消息，无比兴奋，后来带领几名学生离开东京，急匆匆地返回祖国。

【阅读思考】

1. 章太炎在演讲中提到了自己的绰号"章疯子",查阅资料,结合章太炎的革命故事、生活故事和在同盟会的演讲,你认为章太炎对这个绰号的态度如何?你是怎么理解"章疯子"这个绰号的?你认为章太炎真的是疯子吗?简要谈谈你的看法。

2. 阅读全文,法庭舌战"群雄"的章太炎和席地讲学的章太炎有什么异同?激情演讲的章太炎和艰苦办学的章太炎又有什么异同?你更喜欢哪个章太炎?记下关键词,与同学交流你的阅读感受。

3. 党员干部应"坚守真理、坚守正道、坚守原则、坚守规矩","做到以信念、人格、实干立身"。章太炎符合这一形象吗?在中华大地的风云变幻中,章太炎身上不变的是什么?结合全文,说说你的看法。

【活动设计】

方案:演讲活动

刘勰在《文心雕龙·论说》里写道:"一人之辩,重于九鼎之宝;三寸之舌,强于百万之师。"演讲家李燕杰也说过:"演讲,不仅仅是一种职业,而且是一种事业,一种伟大的事业。演讲,不仅仅是一种科学,而且是一种艺术,一种卓越的艺术。"章太炎的演讲充满了激情,鼓舞了无数革命人士。

1. 课外阅读章太炎的演讲全文,搜集、阅读与《民报》被封的背景、原因和经过相关的资料。

2. 小组内交流对章太炎演讲风格的理解,汇总、研读本组搜集的资料。

3. 如果你是章太炎,《民报》被封后要进行一场演讲,将日本政府的阴谋诡计公之于众,获取国内外先进人士的支持,让日本政府改变决定,你会怎么说?结合课文与资料,开展适当的想象,写一篇演讲稿。

4. 每位同学写好演讲稿后,在小组内试讲,小组选出一篇写得精彩的演讲稿,组内交流修改,推选一位擅长演讲的同学参加班级的演讲活动。

第七单元

民国初创

【单元导读】

　　革命在燎原的战火中爆发，民国在纷飞的硝烟里诞生。在浩浩荡荡的革命浪潮中，章太炎紧跟革命党人的步伐奋勇向前。章太炎与孙中山，在革命的号角声中惺惺相惜，走向同一阵营，一直斗争在革命的第一线。

　　阅读本单元，要在通览全篇、了解大意的基础上，把握关键语句和段落，理解民国建立的跨时代意义。此外，还要结合特殊的时代背景，理解章太炎与孙中山的革命友谊，感受以章太炎为代表的革命先驱为保卫胜利果实而努力斗争的不屈历程。

武昌起义浮雕

农历辛亥年八月十九日（1911年10月10日），在湖北武昌爆发了由资产阶级革命党人领导的武装起义。次日清晨，黄鹤楼顶高高飘扬起一面深红底色的九角十八星旗，起义成功了。武昌起义犹如一声惊雷，震响中国的长空，激发了全国性的革命潮流。

一、再返祖国

那一天，章太炎和往常一样正在给学生讲论国学，讲到关键之处他挥舞双手，高声吟诵，慷慨激昂，绘声绘色。

突然，有个学生冲进了教室，只见他一边用手捂住剧烈起伏的胸口，一边急切地说："老师，武昌……武昌……革命……爆发了！"他手忙脚乱地将武昌起义的号外（报纸）递到章太炎的面前。章太炎此时正讲得兴高采烈，他接过号外，瞥了一眼，随手扣到了讲桌上，仍是洋洋洒洒讲着自己的课。

事实上，章太炎在日本的这段时间，国内起义此起彼伏，却一直没能等来改变国内局势的真正变革。在一次次的起伏变化中，章太炎急切等待着一场能真正改变国家前途的革命的到来。之后的几天，接连不断地传来了湖南、江西等多省起义的消息，这一次章太炎敏感的神经立刻兴奋起来，他意识到武昌起义的影响力不同以往，随即宣布停止授课，动员学生回国参与革命。

一行人就像离弦之箭一般，拾掇行装，立刻动身返回故土。

几日之后，章太炎带着自己的一批学生抵达了上海。回到已经阔别5年又4个月的上海，他心中感慨万千，人来人往的码头，还是过去热闹的场景，但是回望这些年来的人与事，已经陡然发生了翻天覆地的变化。

几只海鸟从他的身边飞过，扑扇着翅膀向远处朦胧的云雾中飞去了。章太炎唏嘘的同时回首望了望身后无边无际的大海，昔日的背井离乡仿佛就像是一场梦，抬眼向前，阵阵人声中不时传来古国苏醒的快报，章太炎深吸一口气，握紧双拳，挺直腰板，大踏步向前走去。

第二天，《民立报》发文欢迎章太炎回国，文章言辞恳切，表达了上海民众对章太炎的热忱期望。这篇文章对于章太炎在辛亥革命之前宣传革命的功绩给予了高度的评价和赞许。大家的肯定之辞传到了章太炎的耳朵里，他心下一想：定不能辜负百姓对自己的期望。那么，如何才能为革命进一步助力呢？他首先想到的人，便是孙中山。

章太炎随即向孙中山发去电报，表明了自己对他的态度，言语间满是对合作的期许。孙中山收到电报后欣喜之情溢于言表，马上回应了章太炎的建议。两人在统一的革命目标面前，站在了同一条战线上，选择为革命的未来共同奋斗。

武昌起义爆发后，武昌自然而然成为革命的中心。上海作为远东最大的城市、中国的金融中心和中部同盟会的基地，在事实上成为另一个革命中心。章太炎眼见革命力量随时有可能被镇压下去，心急如焚，决定利用自己的社会影响力，促成革命党人的联合。

当时光江苏一省就出现了5个都督，国内局面之混乱不堪，革命形势之岌（jí）岌可危，可见一斑。为了结束这样的局面，章太炎说服李燮（xiè）和，让他放弃都督称号，奉原江苏巡抚程德全为江苏省军政府都督。与此同时，章太炎发起成立"中华民国联合会"，联合各地革命党。

1912年是近代中国历史上风雨涤荡的一年。这一年元旦晚上十点，孙中山在南京宣誓就任中华民国临时大总统。但是北方诸省还在清廷控制之下，为了争得军阀势力的支持，捍卫革命的果实，孙中山被迫选择退位。

　　孙中山致电南方议和代表伍廷芳，告诉他们如果清帝退位，宣布共和，自己会正式辞去大总统的职位并让位于袁世凯。之后，北洋军将领段祺瑞等46人联名通电，吁请清帝退位，立定共和政体。在袁世凯的胁迫与利诱下，宣统皇帝溥仪宣布退位，2000多年的封建帝制在中国落下帷幕。

　　南京临时政府成立后，孙中山聘章太炎为总统府枢密顾问。作为孙中山的顾问，章太炎以国家与人民的最高利益为重，在许多问题上敢于直言。例如，当时临时政府财政枯竭，军费来源困难，孙中山非常焦急，又无计可施，于是打算与日本合资经营中国最大的汉冶萍煤铁公司，换取对方的巨额贷款，以解临时政府的燃眉之急。章太炎知道了这件事，认为此事事关国家主权，不应该贸然签约，因此反复致电孙中山，竭力反对，直到孙中山取消了已签的草约。在定都问题上，孙中山等主张建都南京，促使袁世凯南下就职，以此来制衡他的权力，但章太炎认为北方余孽未尽：沙俄正在策划外蒙古"独立"，又在内蒙古与新疆制造混乱；日本则在东北施展阴谋。如果建都南京，则国家的"威力必不能及长城之外"，并不利于北方发展，所以建议定都北京。章太炎的耿耿直言，一心为国为民，孙中山考虑到国家前景，对于这些建议大都采纳了。

二、筹谋护法

　　武昌起义后，袁世凯被清政府起用为湖广总督，之后又被任命为内阁总理。心怀鬼胎的他借机迫使清帝退位，换取南京参议院将他选为大总统。随后，袁世凯在北京就任临时大总统，宣称要"发扬共和之精神，涤荡专制之瑕秽，谨守宪法，依国民之愿望，蕲（qí）达国家于安全强国之域"。

　　但是，一心想着只手遮天的袁世凯终究还是按捺不住自己的狼子野心，他很快下令解散国会，废除《临时约法》，并在全国人民的反对声中悍然称帝。西方诸国"劝告"袁世凯暂缓称帝，袁世凯于是被迫宣布撤销帝制，不久在骂声中去世。但是复辟的闹剧一经开场，诸多的"野心家"齐齐上阵，场面一时难以收拾。1917年7月1日，张勋拥护溥仪复辟。

　　孙中山决定以保卫《临时约法》、恢复国会为号召，掀起护法运动。在溥仪复辟的首日，孙中山、章太炎、唐绍仪、谭人凤、柏文蔚、程璧光等人齐集于孙中山在上海的住宅里共商国是。

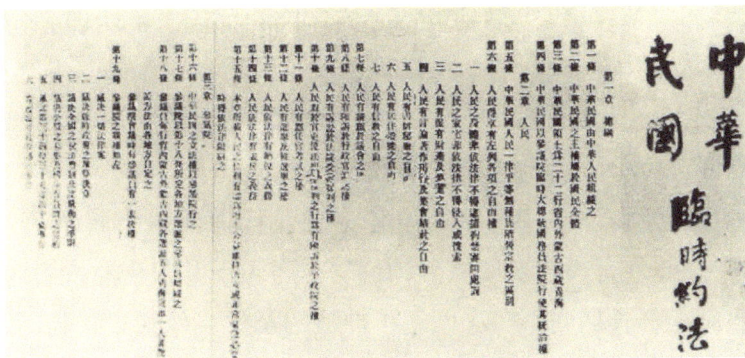

《中华民国临时约法》

那一天，空气中弥漫着紧张的气氛，来到孙家的客人，个个眉头紧锁。章太炎脸色凝重，他有时紧盯着面前的人群一言不发，有时来回走动，振臂高声，激昂地说着自己的宣言。大家看着眼前的地图，你一言我一语，发表自己对形势的看法。

投身革命以来，章太炎一直有国无家。商议护法运动期间，年近半百的他正巧刚有了自己的儿子，夫人汤国梨产子之后在家休养，原本该是一家团圆的温馨时刻，但是章太炎在接到孙中山的邀约后，二话没说便去了。

夫人汤国梨当时还并不知情，既疑虑又焦急，她叮嘱小厮去孙家接人。小厮来到孙中山的住处，只见大门紧闭，敲了半天才找到一个管事的人帮他通传消息。厅室内人声鼎沸，那人四下一看，章太炎正在室内一角，便小心避开众人，挪步到章太炎身边，附在他耳旁说："夫人派人来接您回家了。"章太炎哪里顾得上他的言语，他站在桌子旁，头发蓬乱，袍子皱皱巴巴地贴在腿边，也不知是谁打翻了杯子，袍子的半边已经湿透了，而他竟然丝毫未察觉，继续与身边的人谈论着。

汤国梨三次派人到孙中山寓所接他，三次没能接到，已经是心中恼怒，等第四天再去的时候，没想到已是人去楼空。

原来第三天晚上，孙中山表示必须要拥护共和，出师讨逆，大家一拍即合。次日一早，孙中山致电参、众两院议员，号召他们南下行使议院职权。章太炎没有来得及辞别一家老小，就匆匆跟随孙中山南下广州，组织护法军政府。

随后，章太炎在广州发表演讲说："余此次随孙先生来粤，所抱之希望颇大。简言之，就是切实结合西南各省，扫除妖孽，新组一真正共和国家。"他又说："今日救亡之策，即在护法，护法即先讨逆。"随后，章太炎随孙中山到达黄埔。南下的议员150多人齐集广州召开"非常国会"，因到会议员不足法定人数，会议决定成立军政府并通过军政府组织大纲，推选孙中山为大元帅。

章太炎被推选为军政府秘书长，代理孙中山起草了《大元帅就职宣言》。此宣言表示要"恢复约法"，"与天下共击废总统者"。章太炎担任军政府秘书长期间，多次阐述了护法的意义，认为"共和国家，以法律为要素，法存则国存，法亡则国亡；合法则为顺，逆法则为逆"。在现实的斗争中，章太炎感受到了民主与共和的可贵。

尽管国会与《临时约法》都不完善，但毕竟是中国希望之所在。袁世凯、段祺瑞之流开历史的倒车，要将中国拉回到封建主义的老路上去，章太炎想到自己一度被他们蒙蔽，觉得非常惭愧。章太炎觉得自己要在护法运动中努力挽救新生的国家，他积极追随孙中山，为护法运动摇旗呐喊。

中华民国军政府成立后，章太炎奔走于香港、广州之间，争取军阀龙济光对护法运动的支持。章太炎好言相劝，龙济光的态度却一直模棱两可。每次章太炎一行人来到龙济光家门前，他不是闭门不出就是推脱有事。

不仅龙济光对军政府态度冷漠，连陆荣廷和唐继尧也对军政府冷眼相待。陆荣廷是桂系军阀，唐继尧是滇系军阀，他们关心的是自己的地盘和实力，并不愿意与孙中山实行真正的合作。他们附和护法，目的是抵制段祺瑞的武力吞并。军政府成立之后，陆荣廷与唐继尧都不愿意接受军政府"元帅"的职位。

章太炎深感形势的严峻，遂决定亲自登门拜访，以说服陆荣廷和唐继尧。根据章太炎的动议，孙中山任命章太炎为军政府总代表，携带元帅印信游说陆、唐二人。章太炎多次来到唐继尧的官邸，与唐继尧讨论护法运动问题。经过章太炎苦口婆心地劝说，唐继尧最后接受了元帅的职位，同意参加北伐。事实上，唐继尧只对逐鹿四川有兴趣。

章太炎知道唐继尧心中有鬼。有一天，他刻意讽刺性地模仿唐继尧的派头，让人订制了一面大旗，上面书写着斗大的"大元帅府秘书长"7个字，比唐继尧的元帅旗还要大。外出时，章太炎精神抖擞地快步走在前面，身后跟着一众随从，其中一个彪形大汉高举大旗左右挥舞，亮出明晃晃的几个大字。一班人马洋洋洒洒走街串巷，路上人欢马叫，场面十分热闹，

"章疯子"快快活活过了一把瘾，心中十分畅快。

孙中山下令滇、黔、川三省护法联军出四川、过三峡、攻武汉，但是唐继尧留恋四川的富裕，借故不出。中华民国军政府的政令难以施行，归因于军政府成立之初内部存在的严重危机。唐继尧、陆荣廷多方牵制孙中山的北伐号令，各路军阀阳奉阴违，各行其是，组织内部出现了严重的裂痕。

岑春煊（xuān）一直想取代孙中山的位置。他与冯国璋相互勾结，在广州成立中华民国护法各省联合会，显然是在与孙中山唱对台戏。章太炎闻讯后，勃然大怒，立即向唐绍仪、伍廷芳等痛斥岑春煊的所作所为。

不久，在各路军阀的煽动下，中华民国军政府改组，宣布由大元帅制改为七总裁合议制。唐继尧、陆荣廷等人处处刁难孙中山，想彻底消解组织内部的革命力量。孙中山忍无可忍，只得向非常国会辞去大元帅一职。

孙中山悲愤地说："顾吾国之大患，莫大于武人之争雄，南与北如一丘之貉（hé）。"被军阀势力操纵的"非常国会"宣布正式废除大元帅制，孙中山此时被完全架空。

孙中山离开广州返回上海，护法运动正式宣告失败。作为军政府的秘书长，章太炎感到悲哀。他亲眼看到各路军阀为了一己私利，破坏了护法的大局。面对护法运动的失败，章太炎进行了深刻的反思：他认为孙中山当初提出的"护法"口号有一定的缺陷，口号应当鼓舞人心，顺从民意，"国会本非民心所向，以法律为出师之名，响应自寡"。护法的目标是恢复国会、恢复《中华民国临时约法》，军阀混战下的中国百姓挣扎在死亡线上，他们最关心的问题是如何果腹，如何避寒，护法运动依靠的是南方军阀，广大人民只能作壁上观。没有人民的支持，护法运动怎能不失败？

章太炎追随孙中山护法，从上海到广州，再到西南。西南的山山水水间满是他们跋涉的足迹，最后的结果却是竹篮打水一场空。章太炎心灰意冷，感觉分外疲惫，向来我行我素的他动了出家之念，入峨眉山一寺院受戒。

三、痛失挚友

章太炎与孙中山虽有矛盾，但在革命大义面前，两人肩并肩地在一个战壕里冲锋陷阵。孙中山以革命家的胸怀接纳并赏识章太炎，特别是对章太炎的革命豪举一直十分欣赏。

章太炎曾经寄给他两篇文章，孙中山特别嘱咐香港《中国旬报》全文刊载这两篇文章和给他的信，并加《后记》一篇。《后记》说："章君炳麟，余杭人也，蕴结孤愤，发为罪言，霹雳半天，壮者失色，长枪大戟，一往无前。有清以来，士气之壮，文字之痛，当推此次为第一。"

1924年11月，孙中山北上参加"善后会议"，途中经过上海，章太炎闻讯特地前去看望，"入谒（yè）为别"，这是章、孙二人最后一次见面。经过20多年的共同奋斗，他们都已垂老，这一次相见，彼此之间感慨无限，依依不舍。

在交谈中，章太炎获悉孙中山身体欠佳，殷殷嘱咐他珍重，情真意切，溢于言表，但是章太炎没有想到他们的这一次见面竟然成了他们最后的诀别。

孙中山抵达北京后，病势沉疴（kē），卧床不能起身。章太炎凭着自己的医学功底，亲自写了药方，托付但焘先生专门送往北京。章太炎对于中医深有研究，一生中写过不少医论专著，也当过好几个医学院的院长，他希望以一己之力挽救朋友的生命，但孙中山此时的病势已非药石可医。

孙中山经历了中国历史上前所未有、波澜壮阔的30年，他一直坚持艰苦卓绝的奋斗，但最终积劳成疾。不久，便传来孙中山逝世的噩耗，章太炎悲恸（tòng）不已，往日里与孙中山并肩走过的岁月一幕幕浮现在脑海，深深触动着他的内心。

章太炎压抑着内心的痛楚赶往上海国民党总部参加会议，会上成立了上海中山先生治丧事务所，章太炎与唐绍仪担任追悼会干事员，负责上海孙中山治丧活动。上海各界人士在西门公共体育场召开"孙中山先生追悼大会"，章太炎在会上发表演讲，深切缅怀中山先生的丰功伟绩，称："先生做事，抱定奋斗精神，艰苦卓绝，确为吾党健者。深愿大家竟先生未竟之功，努力救国。"章太炎撰写了两副挽联悼念孙中山，一副为：

　　孙郎使天下三分，当魏德初萌，江表岂曾忘袭许。
　　南国本吾家旧物，怨灵修浩荡，武关无故入盟秦。

另一副为：

> 洪以甲子灭，公以乙丑殂，六十年间成败异。
> 生袭中山称，死傍孝陵葬，一匡天下古今同。

后一副挽联，总结了从太平天国灭亡以来这六十年间洪秀全、孙中山等人前赴后继的革命历程，他称孙中山功绩是承前启后、永垂青史的。

纵观章太炎与孙中山一生的交往，他们为推翻帝制、创建共和同谋共策，不屈不挠20余年。其间，虽然有分有合，但章、孙二人襟怀坦白，以诚相待，纵有不同意见，在革命大局和民族大义面前，始终并肩作战，一如既往。

【阅读思考】

1.本单元介绍了民国初创与护法运动的故事。通读单元内容后思考，想一想课文总共提到了章太炎的哪些革命故事和个人轶事，这些事迹又是从哪些方面来写的？你从这些事例中可以看出章太炎的什么品质？

2.结合课文内容，谈一谈章太炎首次看到武昌起义号外时为何无动于衷。

3.课文中说"如何才能为革命进一步助力呢？他首先想到的人，便是孙中山"，请根据前文内容谈一谈章太炎与孙中山合作的原因。

【活动设计】

方案一：诗歌朗诵会

1.了解朗诵的技巧和注意事项。

2.课堂学写短诗。联系课文内容，以孙中山和章太炎的革命事迹与深厚友谊为主题进行创作，并加入自己的理解和看法。

3.形成短诗并在班内集中进行朗诵。

方案二：编演舞台剧

章太炎与孙中山的三日护法筹谋、西南护法运动等故事都集中体现出章孙二人的深厚友谊。在阅读的同时发挥想象力，创造性地编演舞台剧，赋予人物以生命力。

1.以班级为单位划分小组。

2.小组制定剧本编排方案。

3.组内分配人员角色，细化故事情节，布置舞台道具。

4.集中安排时间，以小组为单位进行舞台剧表演。

第八单元

反袁被囚

【单元导读】

　　本单元主要介绍章太炎反袁被囚的故事。章太炎出任东三省筹边使，殚精竭虑却不被重视。宋案爆发，在血淋淋的事实面前，章太炎认清了袁世凯伪善的嘴脸，振臂高呼"反袁"。他大闹总统府被抓，三次转移囚禁地点，多次以绝食斗争，在邪恶势力的压迫下从未妥协。

　　学习本单元，走进章太炎这段步履维艰的岁月，要注意从文章的标题、叙事的详略等方面把握课文的重点；在阅读中深入感受章太炎不卑不亢的性格品质，品味革命志士斗争精神和壮志豪情。

袁世凯附和革命，逼迫清帝退位，促成南北统一，一时欺骗了众人，他摇身一变，从北洋大臣转而成为临时政府的大总统，如愿以偿地在北京建立起地主买办阶级权力机关。

一、出任筹边使

章太炎一直幻想着中国能出现一个如华盛顿那样"强有力的人物"。袁世凯当权后，章太炎将民国未来的希望寄托在他身上。他主动向袁世凯进献治国安邦之策——《致袁世凯论治术书》，期望袁世凯励精图治，安定国家。

章太炎本来就是一个大名鼎鼎的人物，他的毛遂自荐，立刻引起了袁世凯的注意。袁世凯礼聘章太炎为总统府高等顾问。随后章太炎便在袁世凯专使的陪同下抵达北京，章太炎北上的消息不久便被报道出来，引起了舆论的关注。

武昌起义后，在沙俄的策划下，外蒙古宣布独立，成立了"大蒙古国"，还企图将东北纳入他们的版图。章太炎到东北考察，他发现沙俄的势力已经深入到中国东北的角角落落，具有强烈民族意识的章太炎敏锐地感受到了事态的严重性。他致函袁世凯，就此问题提出质问。对于章太炎的质问，袁世凯却充耳不闻。章太炎联想到在北京期间北洋政府内立宪派等人的荒诞行径，内心大失所望。

章太炎忽然之间发现袁世凯不过是一个善于玩弄权术的市侩政客。他决定向袁世凯递交辞呈，离京南归。袁世凯深知章太炎在社会上的影响力以及他笔杆子的厉害。

袁世凯思来想去，觉得还是不能"放虎归山"，打算安排章太炎担任专管漕（cáo）粮收储的仓场总督。这是一个搜刮钱财的肥差，是许多人可望而不可即的职位，章太炎却表示毫无兴趣。袁世凯后来想到章太炎对东三省的关注，决定任命他为东三省筹边使，以堵住他的嘴。

东三省筹边使是一个新设的、可有可无的职务，其职责是"筹办边陲（chuí）实业"，无关政治。章太炎对于东三省筹边使这一职务的有职无权是完全知情的。对于他来说，一个笔杆子，现在来管实业，实在是牛头不对马嘴。然而这一次，章太炎欣然领命。

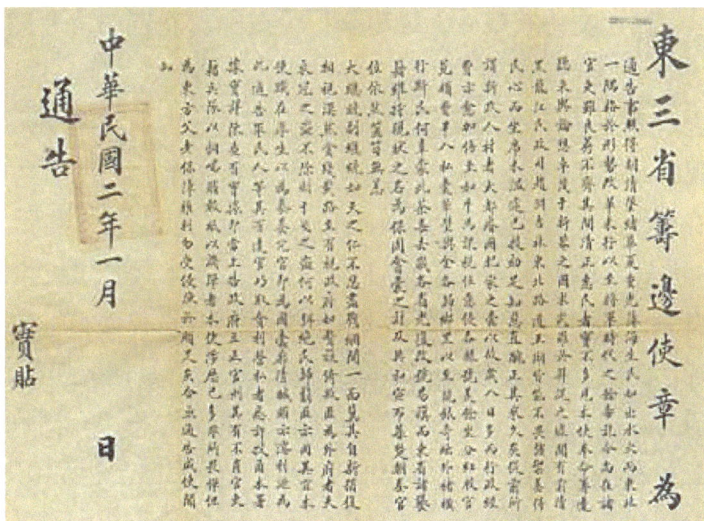

民国二年（1913）的东三省
筹边使公告

在冰冻三尺、寒意刺骨的北国深冬，章太炎毅然率领调查员、书记员、庶务员各一，匆匆忙忙赶到了长春。

他多次随员走山访水，却处处碰壁，东三省的各级官员根本没有将他放在眼里，章太炎却不以为意。经过近20天的努力，他初步拟定了一个发展东三省的规划：成立东三省银行，解决资金问题；开凿松花江与辽河之间的运河，解决交通运输问题。当务之急，章太炎认为是成立东三省银行，解决货币混乱的问题。

东三省货币混乱的状况着实令章太炎吃惊：市场上流通的货币有中国纸票、日币、俄币、老头票、官帖、羌帖、铜圆等。各种钱币流通的结果，是物价飞涨、钞票贬值。章太炎觉得，只有解决资金和交通的问题，东北的实业面貌才能从根本上得到改观。

一心想改变东北局面的章太炎决定去北京面见大总统，汇报他有关东三省发展规划，特别是开办银行的问题，希望袁世凯支持他。可是袁世凯始终是左耳朵进右耳朵出，并无半点下达切实举措之意。

章太炎最为关切的是筹备东三省银行以统一货币的事。他计划将银行定名为"东三省筹边银行"，借款问题已与法商初步商定，就等着政府盖印实施。经过多次催促，财政总长梁士诒的电报终于到了。电报说："法商以日、俄之故，不愿承办，特转达。"一纸电报令人愕然。章太炎已经费尽口舌与法商达成协议，但是财政总长却说法商"不愿承办"，这显然是梁士诒的托词。

章太炎心灰意冷，竭尽全力为东三省制定的发展规划，却始终停留在书面上，到最后还是竹篮打水一场空，没有半点实施的可能。

这段"东三省筹边使"的经历，也使得他与东北结下了不解之缘。纵观在东北3个多月的经历，章太炎励精图治，力图有所作为，而袁世凯政府对他的筹边实业计划嗤（chī）之以鼻，使他一筹莫展。

就在他为实业奔忙的时候，他的好友宋教仁被袁世凯派人刺死。血的教训、惨痛的代价，使他看清了袁世凯的狰狞面目。他顿悟革命形势的严峻，国家实业建设还没有到最好的时机，于是他"托词南下"，快马加鞭回到上海，开始"二次革命"。随后，他正式致电袁世凯和国务总理，辞去东三省筹边使的职位，这难得的一次做官经历也伴着无限的遗憾落幕了。

二、起意倒袁

宋教仁是政党政治的热心提倡者。他担任国民党理事长后，大力发展党员，并计划通过议会途径，限制袁世凯独揽大权的野心。宋教仁的身上有一种坚忍不拔的劲头，他到处演说，宣传国民党的主张，他的努力使国民党在第一次国会选举中获得极大成功，在参议院、众议院都取得压倒多数的席位。

国会开会在即，如果在宋教仁的倡议下，照法律程序议事，总统的权力势必被削弱。宋教仁的政党政治活动引起了一些人的恐慌，死神在悄然之间降临到他的身上。

1913年3月20日晚，宋教仁去上海车站乘车赴北京时，袁世凯派来的刺客将他枪杀。国会召开前夕，政党政治的活动家倒在了血泊之中。血淋淋的事实震惊全国，同样震醒了革命党人。

黄兴、陈其美致函上海公共租界总巡捕，悬赏一万元缉拿刺杀宋教仁的凶手。章太炎在长春发表声明，要求政府追查凶手。袁世凯也故作姿态，电饬（chì）程德全"迅缉真凶，穷追主名，务得确情，按法严办"。

宋教仁去世不过两天，凶手武士英、应桂馨

宋教仁

就被捉拿归案。从应宅查抄出多封与国务总理往来的电函，其中赫然有与袁世凯勾结刺杀宋教仁的密电。一时之间，舆论哗然，民众纷纷指责"宋案"幕后的黑手——临时大总统袁世凯和国务总理赵秉钧。

章太炎和全国人民一样为宋教仁案所震惊。透过浓浓的鲜血，章太炎认清了袁世凯的嘴脸，他觉得革命党人必须要重新联合起来。

在同盟会领导人中，章太炎与宋教仁最为亲近，情谊深厚。流亡日本时，他们经常一起讨论天下大势和学问文章，章太炎很欣赏宋教仁的才华和办事能力；在中华民国临时政府筹建时，他就竭力鼓吹，说中华民国政府总理非宋教仁莫属。

听闻宋教仁在上海车站被刺的消息后，章太炎即刻动身回到上海，策动讨袁的相关事宜。回到上海后，章太炎在黄花岗起义两周年纪念会上发表演说，他激动地说："民国政府，本国民人人所能监督者，使能行使其正当监督之权，政府何敢横恣若此？"接着又数次通电袁世凯，主张用法律手段解决宋教仁案。章太炎提出"四凶"名单后立即不胫而走，大家都关注着事态的发展。令人意想不到的是，袁世凯居然出面为"四凶"开脱。章太炎致电反驳，希望袁世凯采取切实行动，严惩"四凶"，袁世凯却不理不睬。

章太炎又发起成立"弭（mǐ）祸会"，要求袁世凯自己退位并许诺不再做大总统。为了达到目的，他赶到武昌，游说黎元洪，力推黎元洪为大总统候选人。

可是黎元洪并没有给章太炎面子。当袁世凯派遣北洋军南下对南方数省都督施加压力时，章太炎寄希望于黎元洪出面解围，但是黎元洪却让他到北京游说袁世凯撤兵。其实，黎元洪一是明哲保身，二是被"宋案吓破了胆，他怕袁世凯对他照葫芦画瓢，甚至连北京都不敢再进了"。

书生意气的章太炎真的就到了北京，在总统府，他与袁世凯进行了一番激烈地论争。章太炎一见到袁世凯，就质问他为何出兵南下。章太炎说："北方政府的军队如果与南方开战，北方能够取胜，但是民气民心难定，最后的胜负很难说。"

袁世凯悻悻地摆了摆手，说："报纸上说黄兴准备出兵北上，是南方首先挑起的事端。"他急于撇清自己的责任。

章太炎愤然地说："那是因为南方的报纸说你要称帝。"

袁世凯忙辩解说自己不敢称帝。一番争论下来，袁世凯闪烁其词，回避了所有问题，明显是心怀不轨。

后来章太炎发表演讲，猛烈抨击袁世凯养兵对内而不对外。他说："政府甘心误国，领土让与外人。……政府养兵不用以对外，而专用以对内。……宁可以民国赠予朋友，不愿以民国交与家人，共和前途，实无希望可言，民国不亡，恐不可得。"他号召革命党人消除成见，同心协力，与袁世凯的专制政权做斗争。

章太炎最后说，历史证明革命党人还是好样的，专制腐败是民主共和的大敌。章太炎在上海茶话会上的演讲，表明他的思想发生了转变，对袁世凯政府的本质已经有了初步认识。

三、三度被囚

章太炎辞职不久，"二次革命"爆发，旋即宣告失败，袁世凯大肆捕杀革命党人，孙中山、黄兴等不得不避走他乡。"二次革命"期间，章太炎在报刊发表文章，或在大庭广众之下作公开演讲，每每将矛头指向袁世凯和北京政府，令袁世凯恨之入骨。于是，对"二次革命"一直持支持态度并多次发出通电的章太炎成了危险人物。

有人向袁世凯献计，称有办法引诱章太炎来北京，袁世凯拍手叫好。他们假称共和党和国民党两党联合，给章太炎发来急电称北京形势孤危，吁盼他赴京主持党务。

接到电报后，章太炎就决定到政治中心的漩涡北京去，希望以一己之力挽救当前的革命形势。向汤国梨交代完后，他即匆匆赴京。

袁世凯听说章太炎来了北京，表示要接见他，章太炎以目疾为由拒绝了。果不其然，袁世凯就命令戒严副司令陆建章派兵将他监视起来。起初用暗地里"保护"的名义，不久，章太炎发现自己身边总有人跟踪，自己的言论也没有发表的地方，才知道中了圈套，十分气愤。

章太炎几次想逃走，都被宪兵拦了下来。他听说袁世凯在加快恢复帝制的步伐，心情越发郁闷。

章太炎天天生活在郁闷和愤怒之中。他的一些弟子看在眼里，就想了一个办法，让章先生以讲学排遣郁愤。这是章太炎所乐意的。

国学讲习会招来许多听讲人，有些是在东京听过讲的，有些是新来的，更有奉命监视他的人。讲题以经、史为主。当时他的住处书籍不多，学生们要去借，他说不必了，自己"便便腹笥（sì），取之有余"。章太炎的记忆力真是惊人，讲起国学来头头是道，如数家珍，学生们都听得入迷，就连那些密探也听得忘了他们的使命，对这个"章疯子"肃然起敬了。

北京的国学演讲持续了一两个月，但幽禁生涯依然让章太炎寂寞难耐。他甚至无法像困兽那样呐喊，抒发胸中的郁闷。袁世凯一度动过杀章太炎的念头，章太炎也知道自己处境凶险，他甚至做好了被杀的思想准备，还在自己的房间里以七尺宣纸写了两个斗大的篆书"速死"。

身陷囹圄的章太炎忍无可忍，也几次准备冒险出走。章太炎的出走计划安排在一月的第三天，他打算趁监视他的军警疏忽之时，由北京乘车至天津，然后取道南下，当时北京到天津的火车每天只有一班，时间是下午5点左右。

中午，共和党本部干事张伯烈、张大昕、吴宗慈等人前来送行。三人以饯行为名，拼命给章太炎灌酒。章太炎提议以骂袁世凯为行酒令，骂一回喝一杯酒，喝得非常开心。就这样，章太炎一直喝到下午5点才想起乘车的事。等他赶到北京车站，他要乘的那趟车已经开走了。

这一席酒，章太炎骂得淋漓尽致。结果因为酒喝得太多了，没有赶上火车，章太炎闷闷不乐，不愿重新回到共和党本部的那间斗室，于是寻了一家旅馆暂时住下，未料刚刚住下，看守他的军警就赶过来了。

重入囚牢的章太炎仍旧不时地计划逃跑。张伯烈对章太炎说："你不妨亲自去见袁世凯，当面向他告辞，如果他不见，你就睡在总统府，看他怎么办？"章太炎以为此计甚好，决定亲自会会袁世凯。

袁世凯终于撕开了遮羞布。下午5点，军政执法处处长陆建章来见章太炎说："大总统有要事，劳你久等了，大总统让我迎先生到居仁堂入见。"

章太炎不知这是袁世凯的诡计，跟着陆建章登上马车，马车一路狂奔，出了东轴门。一向不识路的章太炎还是认得新华门的，他问："为何不从新华门入？"

陆建章说："大总统此刻在居仁堂，由东辕门进福泽门，可以不用走路。"

等到马车停下，哪里是什么居仁堂，竟是石虎胡同军事教练处。章太炎心知中计，可是无济于事，随即被关押起来。

第二天，报纸上连篇累牍（dú）地出现了章太炎大闹总统府的消息，舆论要求当局释放章太炎。上海的报纸评论说："人谓章太炎'疯子'，我谓汝曹不放章太炎出京，恐北京人将传染疯气。"

不久，章太炎被转移到陶然亭旁边的龙泉寺继续软禁。看管章太炎的任务由军政执法处处长陆建章移交给京师警察总监吴炳湘。袁世凯特意签署了关于看管章太炎的八项细则交吴炳湘：

一是饮食起居用款多少不计；

二是说经讲学文字不禁传抄，关于时局文字，不得外传，设法销毁；

三是如毁物骂人，听其自便，毁后再购，骂则听之；

四是出入人等，严禁挑拨之徒；

五是何人与彼最善，而不妨碍政府者，任其来往；

六是早晚必派人巡视，恐出意外；

七是求见者必持许可证；

八是保护权完全交汝。

章太炎在龙泉寺期间心中非常苦闷。他经常与汤国梨通信，告诫她不要接受别人的馈赠。忍无可忍之下，他决定以绝食抗争。他寄了一袭旧衣给夫人汤国梨以示诀别。这袭旧衣是和服，章太炎曾经在日本穿过。汤国梨对这件和服印象很深，因为不解和服上的"汉"字，曾经询问过章太炎。章太炎说："我几次东渡，亡命日本，为了避开清政府的耳目，易于开展工作起见，常穿和服。但这并非我同化于异国习惯，所以我在衣袖上写个'汉'字，表明我是中国人。"

章太炎绝食的消息传出，惊动了社会上诸多人士。章太炎宣布绝食后，一连三日拒不进食，只喝水吸烟。他有气无力地躺在床上，两眼空洞地望着房顶不说话。

章太炎绝食一段时间后，在给夫人汤国梨的信中说："汤夫人左右，槁（gǎo）饿半月，仅食四餐，而竟不能就毙，盖情丝未断，绝食亦无死法。"

章太炎奄奄一息时，他的朋友马叙伦自告奋勇，进屋劝先生进食。章太炎引《吕氏春秋》中的养生之言说："全生为上，迫生为下，迫生不若死。"马叙伦灵机一动，与先生讨论起理学来。本来有气无力的章太炎一谈到理学，顿时来了精神。他滔滔不绝、侃侃而谈，与马叙伦越聊越投入。

二人谈到晚上8点多钟。马叙伦起身告辞，章太炎还是意犹未尽。马叙伦见章太炎情绪不错，趁机说："我出来一天了，还没有吃饭，现在已经饥肠辘辘，我想吃一点东西。"

章太炎说："好吧，这里就有厨子。"

马叙伦说："我知道你这里就有厨子，但你现在绝食，我当着你的面吃东西，实在是大不敬。"

章太炎想了想，说："我就陪你吧。"

马叙伦即刻让厨师煮了两碗鸡蛋，递给先生。章太炎端起来就吃，马叙伦却不动筷子。看到先生狼吞虎咽，转眼间将鸡蛋都吃完了，马叙伦便不动声色地将自己的那碗鸡蛋递给章太炎，他也一扫而空。

经过绝食事件，袁世凯见识到了章太炎的刚烈，于是下令将章太炎送入东四本司胡同一个徐姓医生开设的私人医院。在医院里，章太炎的身体经过一番调理，渐渐恢复正常。过了一段时间，章太炎又被转移到钱粮胡同，住的是一个清代贵族的寓所，比较安静整洁，而且还有一个花园。袁世凯每月派人送来500元钱，由他随便使用，并且命令手下人忍耐这个"疯子"的行为，不得动粗。

在章太炎被囚时期，袁世凯加快复辟帝制的步伐。章太炎也写了《宋武帝颂》《魏武帝颂》等诗篇，讽刺袁世凯是窃国大盗。

几个月以后，袁世凯去世，黎元洪任大总统，章太炎终于被释放，重获自由。在三年的囚禁生涯中，他多次绝食，多次出逃，同独裁者进行了不屈的斗争，而他本人也遭受了极大的伤害，他的长女到北京探望他，见他生活艰苦，情绪低落，竟自缢身亡，更增添了他的伤心和痛苦。

【阅读思考】

1.本单元介绍了章太炎反袁被囚的故事，通过本单元的学习，梳理章太炎反袁过程中的一些典型事迹，谈一谈你通过这些故事看出了章太炎的哪些性格和品质。

2.章太炎被关押后上海的报纸评论称："人谓章太炎'疯子'，我谓汝曹不放章太炎出京，恐北京人将传染疯气。"请结合课文中的具体故事，说一说章太炎的"疯"表现在哪里？

【活动设计】

方案：座谈会

章太炎在反袁被囚的这段生涯中将他作为革命家的反抗精神全方位地体现了出来。章太炎作为一个囚禁中仍砥砺前行的斗士值得我们深入学习。以"不屈的巨人"为座谈会的主题，组织同学交流阅读本单元的感受。

1.学生分小组，进行会议分工，制定会议方案，确定会议内容、参会人员、时间地点。

2.对座谈会地点进行考察，确保座谈会正常开展。

3.做好会议通知并准备会议材料。

4.召开座谈会。

第九单元

苏沪讲学

【单元导读】

　　本单元主要讲述章太炎定居上海、苏州期间，游走两地进行讲学的故事。讲学，顾名思义，指当众讲解阐述自己的学术理论。无论是沪上讲学还是苏州讲学，章太炎都带着一腔热血阐述自己的国学理论，抒发自己的爱国热情：有时候慷慨激昂地演讲，有时候娓娓道来地叙述，有时候热情满满办报刊，有时候热火朝天开交流会。阅读这些故事，可以让我们了解章太炎丰富的讲学内容和浓浓的爱国情怀，并可一窥当时动荡不安的局势。

　　学习本单元，要学会梳理文章内容，了解文章大意；通过探究文章语言特色，感受人物形象；把握演讲的特点，学会如何积极阐明自己的观点。

《国学概论》

护法运动失败后，本就醉心于学术的章太炎先生，自1922年开始游走于上海、苏州之间，宣传自己的国学理念。

一、沪上讲学

1922年，54岁的章太炎，应江苏教育会邀请，在上海开始主讲国学。此次讲学，章太炎给自己做了明确的规划。每周讲一次，共十次，十次讲学主题明确、内容清晰，分别为"国学大概""治国学之法""国学之派别""经学之派别""哲学之派别""文学之派别""国学之进步"。演讲内容系统、丰富、有条理，大有一种不讲则已，一讲惊人的气势。这场空前的演讲，让动荡中的中国如沐春风，给人们以精神上的洗礼。

《申报》所登《省教育会通告》中说："自欧风东渐，竞尚西学，研究国学者日稀，而欧战以还，西国学问大家来华专事研究我国旧学者，反有所闻，盖亦深知西方之新学说或已早见于我国古籍，借西方之新学，以证明我国之旧学，此即为中西文化沟通之动机。同人深惧国学之衰微，又念国学之根底最深者，无如章太炎先生，爰特敦请先生莅会，主讲国学。"《申报》所言其宗旨，字字句句为中国文化振兴而虑，为中国未来如何得以与西方世界站在一起而忧。字里行间不难看出，章太炎先生在国学方面的造诣之深，为世人所共认。国学衰微之时，迫切需要章老这样的大家来拯救。

二、苏州讲学

（一）表扬"儒行"，力主抗日

"老骥伏枥，志在千里。烈士暮年，壮心不已。"晚年的章太炎在力主抗日的同时，也继续他以前的讲学活动。从北京返回上海后，他来往于苏州和上海之间，企望在民族危难的时局下，"保国学"于一线。

1932年，章太炎到苏州讲学。他特别表扬"儒行"，标出"行己有耻"之旨，他要告诉国人、提醒政府，不抵抗外国的侵略，是极为可耻的。这年秋天在给友人的一封信中，章太炎说明了此次讲学的目的："前月往苏州讲学，归，乃得足下手书。栋折榱（yuán）崩，咎有所在，英雄特起，恐待后来，若今之统兵者，犹吾大夫高子也。仆老，不及见河清，唯有悙悔学人、保国学于一线而已。诚不敢望王仲淹，亦未至献太平策也。"

1932年秋，章太炎应金松岑（cén）等人的邀请到苏州，讲学于大公园图书馆、北局青年会、三元坊沧浪亭等处。李根源等还建议在苏州成立一个讲学组织。1933年1月，章太炎、李根源、陈衍、金松岑等人仿效顾炎武读经会，成立了国学会。国学会以"扶微业，辅绝学"相标榜，组织讲学。章太炎还起草《国学会会刊宣言》以告天下："苏州有请讲学者，其地盖范文正、顾宁人之所生产也，今虽学不如古，士大夫犹循礼教，愈于他俗。及夫博学孱（chán）守之士，亦往往而见。怃然叹曰：仁贤文化，何其远哉！顾念文学微缈，或不足以振民志，宜更求其远者。"

之后章太炎决心长住苏州讲学。在一定程度上说，这不是隐退，而是要继承明末清初顾炎武讲学以救时的传统，表明自己的抗日决心。

（二）扶微业，辅绝学

同年3月，章太炎应无锡国学专门学校的邀请赴无锡讲学，无锡为当时的国学重镇。3月14日，章太炎在无锡专讲《国学之宗统》："今欲改良社会，不宜单讲理学坐而言，要在起而能行。周、孔之道，不外修己治人，其要归于六经。六经散漫，必以约持之道，为之统宗。""社会腐败，至今而极，救之之道，首须崇尚气节。""余以为今日而讲国学，《孝经》《大学》《儒行》《丧服》，实万流之汇归也，不但坐而言，要在起而行矣。"

次日，他又在省立无锡师范学校演讲《历史之重要》和《春秋三传之起源及其得失》，认为"人不读国书，则不知自处之道；不读史书，则无从爱其国家"，"经术乃是为人之基本，若论运用之法，历史更为重要"。他指出："昔人读史，注意一代之兴亡，今日情势有异，目光亦须变换，当注意全国之兴亡，此读史之要义也。"

同年10月22日，章太炎又讲演《适宜于今日之理学》，认为："理学之范围甚大，今日讲学，当择其切于时世可以补偏救弊者而提倡之，所谓急先务也。吾今所讲，分为二目：一为国人同所需要之学，一为无锡特宜注意之学。"所谓"国人同所需要之学"，在他看来，就是道德礼俗。他进一步指出："今之中华，国堕边防，人轻礼法，但欲提倡科学，以图自强。是知其一，不知其二也。"此后，章太炎一再重申他"以国学挽救民族于危亡"的主张。

在1934年2月致友人的信中，章太炎说："鄙人提倡读史之志，本为忧患而作。顷世学校授课，于史最疏，学者讳其伧（cāng）陋，转作妄谈，以史为不足读，其祸遂中于国家。"1935年6月，他应《大公报》主笔张季鸾的请求，写了《答张季鸾问政书》，又进一步指出："中国今后应永远保存之国粹，即是史书，以民族主义所托在是。为救亡计，应政府与人民各自任之，而皆以提倡民族主义之精神为要。"

章太炎先生早年提倡的"用国粹激动种性，增加爱国的热肠"的观点始终未变，"扶微业，辅绝学"是他一生的追求。

（三）章氏国学讲习会

1934年秋，章太炎举家从上海迁至苏州。这年冬天，章太炎在苏州锦帆路50号挂起了"章氏国学讲习会"的招牌，筹备设立讲习会。在章氏国学讲学会筹备期间，还组织了章氏星期讲演会。从1935年4月到9月，共讲九期。在第三期上，章太炎发表了《论读经有利而无弊》，正告国人"于今读经，有千利而无一弊也"，并从三个方面予以论述：一是论经学之利；二是论读经无顽固之弊；三是论今日一切顽固之弊，反赖读经以救。除星期讲演会之外，章太炎还利用间隙组织读书会，集弟子于一室，逐章逐句，扎扎实实，通讲全书。

1935年9月16日，章氏国学讲习会正式开讲，表明以研究中华文化、造就国学人才为宗旨，讲习期限两年，分为四期。

第一期：小学略说、经学略说、历史学略说、诸子略说、文学略说。

第二期：说文、音学五书、诗经、书经、通鉴纪事本末、荀子韩非子、经传释词。

第三期：说文、尔雅、三礼、通鉴纪事本末、老子、庄子、金石例。

第四期：说文、易经、春秋、通鉴纪事本末、墨子、吕氏春秋、文心雕龙。

章氏国学讲习会的授课教师除章太炎本人外，还有门人朱希祖、汪东、马宗霍等。当时学者人数极多，年龄最大的73岁，最小的18岁，可谓盛况空前。为配合讲学，1935年9月还创办了《制言》半月刊杂志，章太炎亲自担任主编，并称："讲习会言不有尽，更与同志作杂志以宣之，命曰《制言》，窃取增制言之义。先是集国学会时，余未尝别作文字；今为《制言》，稍以翼讲学之缺。"《制言》以保存国学、研究国学为基本特点。

晚年居住在苏州讲学，章太炎经济上并不宽裕，但名声很大。苏州章氏国学讲习会是一所特殊的高等教育机构，它对当时以及后世的国学特别是国学教育产生很大的影响，具有很高的价值。

苏州章氏国学讲习会的价值一方面体现在对中国近现代国学高等教育产生的直接影响，主要表现是培养了一大批国学人才，产生了极为丰富的国学研究成果。其中，汤炳正、姚奠中、李恭、金德建等后来成为国学高等教育的中坚力量。另一方面的价值在于对当前我国高校国学教育和文化建设具有借鉴意义和研究价值。在顺应现代大学办学规律的前提下，苏州章氏国学讲习会的历史对特殊领域研究高深学问、传承特殊规律、选择多元化办学形式、实现大学个性化发展，无疑会带来有益的启示。

【阅读思考】

通读课文，联系前面单元内容，谈谈面对纷繁复杂的形势，章太炎为何扎入故纸堆中选择讲学？

【活动设计】

演讲，又叫"讲演"或"演说"，是指在公众场合，以有声语言为主要手段，以体态语言为辅助手段，针对某个具体问题，鲜明、完整地发表自己的见解和主张，阐明事理或抒发情感，进行宣传鼓动的一种语言交际活动。刘勰《文心雕龙·论说》有言："一人之辩，重于九鼎之宝；三寸之舌，强于百万之师。"演讲越来越注重考查学生在真实情境中解决问题的能力。请大家分组运用演讲方式，谈一谈对章太炎"苏沪讲学"活动的感想。

要求：

1.小组合作，演讲之前请明确分工，查阅相关资料，了解演讲的方式、特征以及注意事项。

2.小组汇总、研读所搜集的资料，每位同学分别撰写一篇演讲稿。

3.试讲完毕，选取小组擅长演讲的同学参加班级演讲活动。

4.展示结束，请其他小组同学给出评价，要求评价具体真实。

第十单元

呼吁抗日

【单元导读】

　　日军侵华，国土陷落，值此国难当头，战士守土有责，尺地寸草，不应放弃；为救国保家而抗日，虽牺牲至一卒一弹，决不退缩。民族存亡之际，身为中华儿女，全力抗日，分所应是。晚年的章太炎，便是这样的中华儿女，以满腔热血，投身于伟大的抗日战争中，为国献力，这便是大师的情怀、大师的精神。

　　学习本单元，要在阅读中理清内容结构，把握人物性格特征，体会人物思想感情；学习人物可贵的精神品质。

一、宁静书斋议学术

书斋，自古以来都是文人骚客颇爱之地，爱那一番清心，爱那一番安静。1928年后，60岁的章太炎，在经历过人生种种之后，便转而回到故纸堆中去重理旧业。

晚年的章太炎，仍未停歇，奋笔疾书。《春秋左氏疑义答问》《太史公古文尚书说》《古文尚书拾遗》《新出三体石经考》等，大都编纂于这段时期。他自述这段时期"说经主旨"，《春秋》专论大义，《尚书》务通训诂，事实上大体也确实如此。

《春秋左氏传》是章太炎早年用力最勤的一部经典。《春秋左氏疑义答问》共五卷，这部著作的特色是"专论大义"，即专门探索《春秋》与《左传》的编纂问题，对于孔子为什么修《春秋》以及《春秋》等究竟有什么社会价值等问题提出了自己的见解。

章太炎认为："六经之道同归，独《尚书》最残缺难理。"因此他在晚年为研究《尚书》倾注了大量的心力，直至1936年在章氏国学讲习会时，仍在不断整理《尚书》。

在宁静的书斋中，章太炎俯而读、仰而思，一篇接一篇地写着自己热衷的文章，一封接一封地与弟子们通信讨论中国学术史上的一系列疑难问题。对于青年学子来说，在政治动荡的年代里，能有这份雅兴与情致，也算是一件很有意义的雅事。这些学术著作，颇为严谨。他将晚年可贵的岁月消磨于此，致力于民族文化，是为了未来中华民族尚可据以复兴。

为了培养国学人才，扩大国学影响，章太炎不辞辛苦，南奔北走，先后在上海、苏州、北平、青岛等地发表演讲，以国学激励国人精神，为国家培养青年学子，为中国历史文化传承培养了一大批有用人才。

二、走出书斋，走向时代

原以为宁静的读书、写作、讲学生涯将伴随章太炎先生的余生，大概连他都没想到后来的自己还是选择在动荡的局势中站了出来。

民族危机日趋加深，章太炎又哪能安于现状，稳坐板凳，继续沉浸在书斋中？响彻上空的警报声，使得奋力抗日救国成了他坚定不移的选择。

日本之有文化，初则传自中国和印度，近时则传自欧、美诸国，但是日本帝国主义忘恩负义，穷凶极恶，妄图侵占我们中国，霸占全球，做起了"逢蒙杀羿"的勾当，这一切使章太炎忍无可忍。

1931年，九一八事变爆发，日本帝国主义突然袭击沈阳，炮轰北大营，继而向东北三省发动了全面进攻。当日本人在短时间内几乎兵不血刃攫取了东三省之后，蒋介石忙于对付汪精卫和镇压国内革命势力，对外不惜屈膝退让，严令东北军"绝对不抵抗"，致使大片国土沦丧，东三省垂危。严重的民族危机考验着每一个中国人。

章太炎先生也被这内忧外患、惨绝人寰的时代危机震惊了。久坐书斋的他，突然被一股前所未有的力量推动着，走出书斋，走向时代。强烈的民族意识使他从沉寂中苏醒，他如一头垂老的雄狮，本能地嗅到一种威胁在迫近，于是他坚定地站立起来了，目睹国内政治现状，愤然大书篆轴"吴其为沼乎"。

对于九一八事变，章太炎先生一开始的态度是谨慎而克制的，但没想到的是，蒋介石采取了对日不抵抗政策，这激起了章太炎的愤慨。他虽身处逆境，沉寂已久，然国难当头他便翕（xī）然而起，作醒狮大吼。

时代剧变，有人退居幕后静观其变，有人无所适从，有人彷徨无措，但有人站出来发声，章太炎毅然选择了走在最前列。1932年1月13日，他与熊希龄、马相伯、张一麔（lín）、李根源、沈钧儒、章士钊、黄炎培等知名人士，联名通电，痛斥当局，"守土大军，不战先撤，全国将领，猜弐（èr，同'贰'）自私，所谓中央政府，更若有若无"，并要求国民党各派首领"立集首都，负起国防责任，联合全民总动员，收复失地"，否则"应即日归政全民，召集国民会议，产生救国政府，俾全民共同奋斗"。

六天后，章太炎先生又率张一麔、赵恒锡、李根源、沈钧儒等，联名通电全国——《请国民援救辽西》，对东北义勇军的奋勇抗敌予以高度评价："义勇军以散兵民团合编，妇女老弱，皆充负担之役，于此见之。"他严斥当局"素无斗志，未闻以一矢往援"，指出"国家兴亡之事，政府可恃则恃之，不可恃则人民自任之"。他期望着以民众的觉醒遏止日本帝国主义的侵略，收复失地。通电内容洋洋洒洒，简洁明了，字字击中时事，句句为民而虑，为国而忧。

章太炎是九一八事变后最坚定的抵抗者之一，他始终认为，中国的出路就是拼死一战。明知必败，然败亦不过失东三省。战败而失之，与拱手而授之，其差别就是有人格与无人格。有人格，国家还有复兴之望；无人格，则国家唯有继续沉沦，以至于谷底。唯有一战，才能救中国之命运于水火之中。战而败，败而死，也足以赎政府往日不抵抗之罪。这是什么？这就是骨气，这就是力量，这就是精神！

当民族危机日趋加深的时候，他是坚定的抵抗主义者，没有丝毫退让。他坚决反对日本人的策划行动，并身体力行从学术上论证东北从来就是中国的固有领土。若没有九一八事变，章太炎先生也许会永远从政治舞台上销声匿迹。

国民党政府的犹豫、彷徨、不抵抗，使日本人感到有机可乘。疯狂的日本人在东北站稳脚跟后，转而将矛头火速对准了华北。

1933年初，日本军队开始向山海关进攻，第五十七军军长何柱国率领部队奋起抵抗，长城抗战爆发，中国军队与日本人展开了殊死搏斗。然而，当日本军队乘虚进攻热河省会承德时，热河省政府主席汤玉麟弃城而逃，致使热河全省很快沦陷。

对于中国军队的英勇抵抗，章太炎赞赏有加；对于汤玉麟的不战而逃，章太炎非常愤怒，认为这是政府勇于私斗、怯于公战的必然结果。章太炎先生还和马相伯、沈恩孚一起发表《三老宣言》，呼吁全国人民一起奋起，对国民党政府给予有力监督，务必使东北半壁河山不至于就此沦亡，白山黑水不至于就此变易其颜色。

1935年"一二·九"运动爆发后，章太炎公开发表致宋哲元电，强调学生请愿，事出公诚，即便其间有共产党人参加或组织，但问其今日主张如何，不应再追究其过去的政治背景。他劝宋哲元在大是大非问题上要头脑清醒，支持学生的爱国行动。

晚年的章太炎先生使蒋介石大伤脑筋，事实证明，谩骂、威胁甚至通缉，对这位不屈的老人都是无效的，杀害则更是连袁世凯都不愿意冒的大不韪。

自古以来，多少英雄好汉、仁人志士，为名利所累，为金钱所困，最后纷纷拜倒在金钱之下，为此蒋介石便动了一番心思。他派章太炎先生的老友丁惟汾——国民党中执委秘书长，借探望之名，给章太炎先生送去了1万元"疗疾费"，欲封其嘴。结果，章太炎先生公开登报宣布作为"讲习会基金"，用以办学、奖励学子，"肆言照旧"，这也就是"章疯子"的骨气。之后蒋介石接连聘他担任"国史馆长""政府高等顾问""粤海书院院长"，无奈都被他果断拒绝。

1936年5月，国民党内部派系矛盾激化，最终酿成"两广事变"，蒋介石面临着内外交困，不得不装出尊老隆礼的姿态，以缓和舆论的压力。于是，他亲自写信给章太炎先生，"属以共信济艰之义，劝诱国人"。6月4日，章太炎复信蒋介石，劝他"开诚布公，以悬群众，使将相之视枢府，犹手足之扞（gǎn）头目"，并建议将察哈尔一省"交付共党"。因为中国共产党"对于日军，必不肯俯首驯伏"，要求将中国共产党和工农红军"姑以民军视之"。这些铮铮谔（è）谔之言，是他思想上的又一次转折与飞跃。可惜这封信成了他的绝笔，他来不及发挥其主张，便匆匆告别了人世。

在回复蒋介石信后的第十天，即1936年6月14日，章太炎在苏州逝世，享年68岁。章太炎带着忧虑离开了人间，临终"曾草遗嘱，其言曰：'设有异族入主中夏，世世子孙毋食其官禄。'遗嘱止此二语，而语不及私"。他希望去世后，傍民族英雄张苍水而葬，与英雄地下为邻，等待最后的胜利。

七被追捕，三入牢狱，而革命之志终不屈挠者，世界上再无第二人。因为严夷夏之防是章先生一生志向所在，所以对于抗日战争，他也最为用力。他以无愧的言行，书写了斑斓的晚节。这才是先生的精神。这位"有学问的革命家"，不仅为后人留下了一个革命者的光辉形象，而且用他的学术成果为中国历史文化留下了一座彪炳千古的丰碑。

【阅读思考】

1.本单元讲述了晚年的章太炎竭力呼吁，力主抗日。结合本单元内容谈一谈面对危机四起的中国，章太炎采取了哪些抗日爱国行动？

2.小组讨论，通过阅读本单元故事，谈一谈晚年章太炎的人物性格。

【活动设计】

抗日精神历久弥新，今天，仍激励着每个中华儿女奋勇前进。阅读本单元内容，并结合整本书内容，请同学们以小组形式制作小报。

要求：

1.主题：抗日救国之章太炎（题目自拟）。

2.小报：彩色制作，小组合作，分工明确（分工明细写在右下角）。

3.小报制作完成后，由小组代表解说小报。

4.评议小组根据小报成果，进行点评。

5.班级对各小组同学的成果进行为期一周的墙面展示，以供大家交流讨论。

第十一单元

后世纪念

【单元导读】

　　本单元主要介绍后人为纪念章太炎一生功绩而修建的章太炎纪念馆、章太炎之墓以及修复的章太炎故居。"大好头颅抛不得，神州残局岂忘君。"章太炎先生虽然已经离我们远去，但是他的业绩和精神却彪炳史册，辉耀古今。他博大深邃的思想和深厚雄劲的学术功底，将永远成为我们宝贵的财富。

　　学习本单元，可借助课外资料和多媒体工具，搜集相关图片或者视频资料，理解修建章太炎纪念馆和修复章太炎故居的价值所在；还要注意章太炎弥留之际的细节描写，把握人物的性格特点；揣摩后世纪念章太炎对当今时代的现实意义。

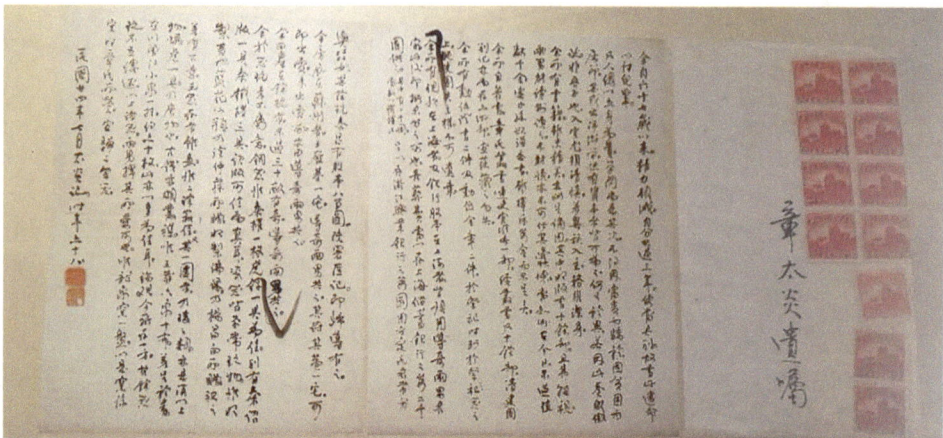

章太炎遗嘱

一、生命的终点

1936年6月7日，章太炎在院子里散步时突然昏倒。妻子汤国梨立即请来医生为他诊治。经过抢救，章太炎睁开了眼睛，但已无法起床。6月13日，章太炎高烧至40度，持续不退。14日凌晨，章太炎进入弥留状态。妻子汤国梨、好友李根源、医生等围绕在病榻周围，国学讲习会的学生每人手中举着一支点燃的香跪在卧室门外，为老师祈祷。汤国梨贴着章太炎的耳朵问他有什么话要说，章太炎断断续续地吐出两句遗言："设有异族入主中夏，世世子孙毋食其官禄。"

7点45分，卧室中传出汤国梨撕心裂肺的哭声，弟子们低低的啜泣转为号啕大哭。辛亥革命的猛士、一代经学大师章太炎在苏州走完了他的人生之旅。

逝世前数日，章太炎已不能饮食，而他仍坚持执卷讲学。家人劝告他卧床休息，他说："饮可不食，书仍要讲。"

章太炎逝世的消息公布后，国民政府拨专款300元作为章氏治丧费。社会舆论呼吁政府给予国葬，张继等人提议请国民政府讨论。7月1日，国民党中央政治委员会第十七次会议做出"章炳麟应予国葬并受国民政府褒恤"的决定。7月10日，南京《中央日报》正式公布《国葬令》：

宿儒章炳麟，性行耿介，学问淹通。早岁以文字提倡民族革命，身遭幽系，义无屈挠。

嗣后抗拒帝制，奔走拥法，备尝艰险，弥著坚贞。居恒研精经术，抉奥钩玄，究其诣极，有逾往哲，所至以讲学为重。兹闻溘逝，轸惜实深，应即依照国葬法，特予国葬。

《国葬令》一经公布，苏州、南京、上海及全国各地到章府吊唁者络绎不绝。段祺瑞等亲自到苏州来吊唁。蒋介石、张学良等也都拍发唁电或派代表到苏州吊唁。花圈、挽联从厅堂一直摆放到大门，连矮墙上的紫藤也挂满了白花，人们痛惜一代国学大师的仙逝，向这位国学大师表示最后的敬意。章太炎的弟子们则在北京为老师举行了追悼会。

章太炎身披五色旗安葬，这是他生前的安排。章太炎的一生与中华民国结下了不解之缘。1906年12月2日，在《民报》创刊一周年纪念会上，孙中山发表关于三民主义与五权宪法的演讲，演讲中述及"中华民国"。次年，章太炎在《民报》第17号发表《中华民国解》一文，正式提出"中华民国"这一称号，建议中华民国成立后，以红、黄、蓝、白、黑五色图案作为国旗，象征汉满蒙回藏五族共和。章太炎身前留言，死后当披五色旗，以表示自己的民主共和理想不灭。

二、太炎先生纪念馆

太炎先生纪念馆是浙江省首批文明博物馆，也是浙江省省级爱国主义教育基地，1988年正式落成开馆，占地1.5公顷，建筑面积1500平方米，位于南屏山荔枝峰下，西湖十景之一的"苏堤春晓"南隅，环境清幽，是一座白墙黑瓦红檐的仿清园林建筑。它与江南名刹敬慈寺、西湖十景之"花港观鱼""雷峰夕照"相毗邻，集名人纪念地及园林之胜为一体。

章太炎纪念馆设有中央和左右三个展厅，分别为序厅、革命厅和国学厅。序厅主要展示了章太炎先生的生平以及章太炎先生的家族及相关成就；革命厅通过多媒体投影、互动展板、油画创作等多种形式展示了章太炎先生革命的一生；国学厅名为膏兰室，循序渐进地展示了章太炎先生一生在国学上的成就和收藏的文物，在此还可以了解到他与俞樾、鲁迅等大师的

太炎先生纪念馆

交往。馆内收藏有1000余件文物，其中《流血革命》《狱中联句》《十九路军死难将士公墓表》等，均系国家一级文物。

2013年重新修葺改陈后，很多国宝级文物都在展馆里展出，参观者既可大饱眼福又可增长见识。纪念馆内展览了大量的历史图片和文物，详细展示了一个"有学问的革命家"的辉煌一生。

三、章太炎之墓

章太炎之墓是浙江省重点文物保护单位，坐落于章太炎纪念馆后面的苍松翠柏之中，墓前筑平台，神道长195米，西侧约50米处是民族英雄张苍水的祠墓，两墓平行，面向西湖。章太炎生前曾两次为自己选择过墓地。他向来崇敬抗击异族的英雄，希望自己百年后能与英雄为邻。第一次选择墓地系被袁世凯软禁期间，他说百年后希望葬在"攘夷匡夏"的明朝刘伯温墓侧。1936年临终时，章太炎第二次谈到墓地问题，说百年后希望葬于抗清英雄张苍水墓侧，"生不同辰，死当邻穴"。然而这一愿望几经波折，最终才得以实现。

章太炎之墓

章太炎逝世后，当时年已54岁的汤国梨一直努力解决墓地问题。可是，国民政府的"国葬"迟迟未能落实。据说当时章太炎的墓穴工程已完成过半，但被在墓侧建"太炎图书馆"的事情拖了后腿。接下来，当年发生"双十二事变"，次年抗日战争全面爆发，安葬之事不得不暂停。章家后园有一干涸的水池，下为防空洞，汤国梨决定临时将灵柩在此安置，遂于1937年7月将章太炎灵柩入土，谁料这一安置竟长达18年之久。

1955年4月3日，在周恩来总理的直接关怀下，浙江省人民政府正式为章太炎举行安葬仪式。墓址选在杭州南屏山麓、荔枝峰下，抗清英雄张苍水墓之侧，这正是章太炎先生生前选中的地方。章太炎先生最后的愿望终于在18年后得以实现。周恩来总理曾评价他："学问与革命业绩赫然，是浙江人民的骄傲。"

遗憾的是，章太炎之墓在"文革"中遭到破坏，楠木棺材不知去向，墓碑也失踪了。1981年10月，当地政府根据中央指示，重新修复章太炎墓。墓碑刻"章太炎之墓"，是章太炎亲笔所书，写于先生在北京为袁世凯囚禁期间。原文"太"字，下为两点，是古体。妻子汤国梨去世后，也安葬于此，位于章太炎墓的左侧。

章太炎故居

四、章太炎故居

章太炎故居在京杭大运河南端，余杭区仓前镇的余杭塘河畔。章太炎故居是章太炎出生、成长之地，他在此度过了对其一生产生重要影响的22个春秋。故居坐北朝南，共四进一弄，主体为晚清时期建筑，由前厅、正厅、卧室、书房、厨房等组成，建筑面积811平方米。故居正中悬挂着由赵朴初先生题写的"章太炎故居"匾额。东、西两侧的墙壁内侧分别镶嵌着当年余杭县和浙江省人民政府的保护标志牌，门前的河埠边上竖立着全国重点文物保护单位的保护碑，两侧陈设有盆栽绿色植物和故居导览图。故居以石条为基，柱、梁、檩、椽均为木质，室内板壁相隔，室外粉墙黛瓦，反映了章家作为清晚期中等家庭的住宅特色和江南水乡民居的传统特色。太炎先生在此生活了22个春秋，之后又多次回来避难或探亲，故居的生活对其一生产生了重要影响。先生在这里接受传统文化的启蒙教育，却成为正统礼教土壤里一颗"叛逆的种子"。

（一）故居的发现与保护

故居于1985年文物普查时被发现，1986年公布为余杭文物保护单位，对其进行了维修，并于当年的6月14日对外开放。1997年8月被公布为省级重点文物保护单位。2006年被国务院公布为全国重点文物保护单位，随后，经国家和省市文物主管部门审批同意，2008年底至2010年，余杭区政府对故居本体进行了维修，并对基本陈列物进行了重新布展。维修后的故居前三进为历史原貌的复原和场景再现，展示了太炎先生青少年时期故居的风貌；第四进为展厅，展览共四个部分，以丰富的史料和实物、多种传统与现代相结合的手法展现了先生波澜壮阔的一生。维修改陈后于2011年1月12日太炎先生诞辰142周年之际重新正式对外开放。

（二）故居建筑

第一进为序厅，又称为"轿厅"。轿厅东侧陈列的轿子为当年大户人家出行的交通工具。北侧墙上悬挂的是章太炎自传。1935年，章太炎在其67岁时作此自传，概述其坎坷的一生。轿厅西侧挂清式木挂屏二幅：一幅为毛泽东对太炎先生的评价，另一幅为周恩来对太炎先生的评价。

穿过轿厅，就到了二进的天井，这里东西两侧有厢房，太炎先生8岁时，外祖父朱有虔自海盐来余杭闲住，据说就住在二进的厢房，在这里开始对小外孙进行启蒙教育。《太炎先生自定年谱》记载："外主（祖）父海盐朱左卿先生讳有虔来课读经。时虽童稚，而授音必审，粗为讲解。课读四年，稍知经训。"太炎先生后来在文字音韵学方面的成就，应与这时打下的基础密不可分。

第二进为扶雅堂。扶雅堂是章太炎家的堂名，意思是扶持正义，不入俗流。章氏世代为书香门第。尽管在章太炎诞生时，杭嘉湖平原因连年战乱，田野荒芜，但章家凭借上辈留下的遗产和三代高超医术，尚过着比较悠闲的读书人生活。扶雅堂为章氏大家庭的公共空间。喜庆祝福、宴会宾客、文士雅集、乡贤聚首，常常在此举行。扶雅堂内陈设均按照当时的生活场景布置，体现了太炎先生所处时代的特征。

扶雅堂的过道东边是厨房，章家一家大小的日常饮食均出自此。

第三进为内堂，共三间两层。一层为日常用餐和女眷或女宾聚会之处。二层自西向东为太炎先生及其父母兄长的卧室。少时的章太炎常常在内堂的天井诵读古籍。女眷们喜玩麻将，尽管雀牌声声，不绝于耳，但章太炎神情专注，完全沉浸在与古人对话的世界里，居然丝毫不受嘈杂环境的影响。据说，一日晚饭后，小太炎依然在天井里专心致志地看书，天色渐暗，

章太炎故居的轿厅

章太炎故居第二进——
扶雅堂

气温降低，长嫂唤其进屋添衣，避免着凉。谁知他竟然错穿上了嫂子的一件"花棉袄"，众人见状大笑，他却茫然不知。

内堂的东侧，是章太炎青少年时期的书房。这是一间二层的建筑，带有一个接近正方形的天井。室内陈设有书桌、书柜和椅凳等家具，墙壁上挂有章太炎的老师俞樾先生的行书对联和顾升的绘画作品。书桌上翻开的书籍让人觉得仿佛书房的主人刚刚离开。"少时治经，谨守朴学。"外祖父朱有虔、父亲章濬和兄长们对他进行严格的中国传统文化教育。先生也异常刻苦，"读书精勤，晨夕无间"，对传统文化广泛涉猎，从而打下了深厚扎实的国学基础。可谓："陋室方寸小，国粹沃原深。"

　　这间小小的书房设计得也十分合理，高高的围墙挡住了外界的嘈杂，显得十分安静。阳光从四角的天空照射下来，天井的白墙将阳光反射到窗内，使光线既充足又温柔。正是在这样一间书房里，一个少年激情澎湃的心在不断成长。

　　章太炎先生不仅是学贯中西的大革命家、大学问家，而且还是一位大书法家。他的篆书被书坛泰斗沙孟海先生誉为清代篆书四大派中独辟蹊径的古文字别派。用笔高淳朴茂，古意盎然，是"篆学园苑中一朵斗大的鲜花，值得我们推崇学习"。这样的成就自然离不开他早年的勤奋练习，在太炎先生家里有一处名为习字墙的地方，他曾在此处于每日晨起时用清水在方砖上勤练不辍。晚年的章太炎还"时亦作字，每日辄写三四十篆"，由此可见章太炎青少年时在此练笔习字养成的习惯之影响。

【阅读思考】

1. 读一读"走到生命的终点"一节，请你说一说章太炎的临终情形给你留下了什么印象。

2.请你结合我们现在的生活，想一想我们修建章太炎纪念馆和修复章太炎故居有什么意义。

【活动设计】

演讲练习——请仔细阅读本单元，写一篇章太炎故居的引导词；如果你作为解说员，如何向别人介绍章太炎纪念馆？

第十二单元

章门弟子

【单元导读】

　　章太炎一生以讲授国学为己任，呕心沥血培养了一大批大师级学者，他们有一个共同的称号——章门弟子。他们作为一个整体，甚至成为一种符号，得到了学界广泛认同。章门弟子中，贤人辈出，有以黄侃等"五大天王"为代表的学者，也有以鲁迅、许寿裳为代表的文豪。正是这些弟子使章学得以薪火相传，绵延不绝，同时也为中国文化的传承做出了极大贡献。

　　学习本单元，要注意人物的语言描写，体会不同人物的特点；通过章太炎与弟子的交往，感受章太炎治学严谨、为师谦和的品质，体会师生之间、众弟子之间的真挚情谊。

章门弟子

　　章太炎一生诲人不倦，可谓"桃李满天下"。师爱弟子，或爱其才，或爱其德，而对于德才兼备的弟子，更是珍爱有加。而弟子们对老师章太炎也是敬爱有加，常伴老师左右。"师生相得，是幸事，也是难事。"章太炎与弟子们的相处之道，向来为人称颂。

年五十，方著述——黄侃

说起黄侃与章太炎，可谓"不打不相识"。1906年，章太炎在东京讲学，听课的学生趋之若鹜（wù）。黄侃久仰其名，前去拜访，在章太炎讲学的壁间见到墙上写着：吾若仲尼出东鲁，大禹长西羌，独步天下，谁与为偶？黄侃一看就知道这是引用东汉戴良的话。黄侃心想：章太炎这个人未免过于张狂，这样的人不值得自己花时间结识，于是掉头就走。但有趣的是两人的缘分并未就此中断，后来黄侃在报刊上读章太炎发表的文章，再次产生景仰之情。而章太炎也在《民报》上看到黄侃的文章，惊叹这位年轻人的才学，主动写信约见。在交谈中，两人一见如故，彼此欣赏，后黄侃主动拜章太炎为老师，师生二人的情分由此展开。

黄侃
（1886—1935）
字季刚，号量守居士，湖北蕲春人。1905年到日本留学，师从章太炎，回国后曾任教于北京大学并创办《国故》月刊，后任教清华大学等学校，擅长音韵训诂，兼通文学。主要著述有《音略》《声韵略说》等。

在东京讲学时期，章太炎常与弟子们进行交流，对于学生的成就，章太炎感到自豪和欣慰，但很少对谁当面表示嘉许。但章太炎自始至终都十分欣赏黄侃的为学态度，认为他"学问精专，言必有中，每下一义，切理厌心"，还曾当面夸奖黄侃说："常言学问进展，如日行千里，今汝是一日万里也！"多年后，章太炎在为黄侃撰写的墓志铭中，又特别赞扬他"既学习勤奋严谨，又无呆气，有自己独立的思考，最终自成家法"。

老师珍视和赞赏学生黄侃，黄侃对老师章太炎也是肝胆相照，始终维护老师。章太炎在北京监禁时，黄侃已经担任北京大学教授。他听说老师遭难，多方打听到他的下落，见老师孤独无依便主动要求陪在老师身边。于是，他白日讲坛讲学，晚上与老师谈学，一直到被看管章太炎的警察赶出去。

黄侃先后任教于北京师范大学、山西大学、东南大学、东北大学、武昌高师、中央大学、金陵大学等。1914年秋，黄侃受到北京大学校长蔡元培的聘请，到北京大学国文系讲授"文学概论""词章学"及"中国文学史"等课。在当时的北京大学，辜鸿铭被公认为"第一怪"，黄侃到了北京大学后，当仁不让地成为"第二怪"。

黄侃治学严谨，有句名言："年五十，方著书"，意思是五十岁之前不肯轻易著书立说。1935年10月8日，黄侃在南京去世，年仅49岁，未及撰成宏篇巨著就遗憾离世，留下大批点校笺识古籍的遗稿。黄侃生前虽然没有出版任何著作，却是海内外公认的"国学大师"。黄侃在传统"小学"即音韵、文字、训诂等方面成就卓越，学界称他与章太炎是"乾嘉以来小学的集大成者""传统语言文字学的承前启后人"。黄侃对所研究的经、史、子、集诸书大都能够对答如流，具体到某一篇文章，甚至某一页、某一行，无所不明，令人惊讶。

黄侃师承章太炎，自己也培养了一批著名学者，桃李满门。黄侃的弟子被学界称为"黄门侍郎"。这些章太炎的再传弟子后来皆成为名师，在20世纪学术史上影响深远。

爱吾师爱真理——钱玄同

钱玄同在日本未结识章太炎时，已读了不少章氏的文章，如《论文学》《革命之道德》等。后来钱玄同有缘在民报社拜见了章太炎，对其思想品行更是"极端地崇拜"，便一心想要跟随章太炎学习。

1908年，在章太炎的主持下，东京国学讲习会成立，这也是中国历史上第一个国学研究团体。钱玄同与鲁迅、周作人、沈兼士、朱希祖、许寿裳等后来的学界名流，都前往听讲。

章太炎自"出道"以来，脾气暴躁是出了名的，但他对学生却是温文尔雅，极少发火。有时，他和学生互相讨论，并提一些问题让学生们回答，让他们自由发言，谈谈自己的看法，即使答错了，也从不呵斥学生。在讲课之余，章太炎还常与学生们一起聊天，诙谐有趣，妙语连珠，课堂气氛十分活跃，学生们紧张的神经放松了许多。无论课堂内外，钱玄同讲话很是频繁，同学们都席地环绕着桌子坐下来听讲，唯有他总喜欢在席子上一会儿从这边爬到那边，一会儿又从那边爬到这边，逗得章太炎和其他同学都哈哈大笑，鲁迅便为此给他起了个绰号，叫"爬来爬去"。

钱玄同先生师从章太炎，深得其古文经学之真传，被誉为"尊崇国粹之先锋"。非常有趣的是每当钱玄同那股崇古之情涌上心头，就连他的老师也自叹不如。章太炎写信或者作文有一个习惯，喜欢在文中用上几个古体篆字，用来体现他的崇古立场。而钱玄同每次看到老师信件或文章时，总觉得他的文章时而楷体，时而篆体，不够规整。于是利用自己所学，全部改为古体篆字，然后拿去找老师，跟他说：这个字不对，应该怎样写，

钱玄同
（1887—1939）
原名夏，字中季，又字德潜，浙江吴兴人。1906年赴日本早稻田大学留学，师从章太炎习文字学及音韵、训诂。回国后任北京高等师范学校教授兼北京大学教授，从事新文化运动，提倡文字改革，创议并参加拟制国语罗马拼音方案。主要著述有《文字学音篇》《中国文字概论》等。

那个字不好，应该怎样写。面对学生的意见，章太炎起初还想辩解一下，后来或许是被钱玄同的那股认真劲所感动，每次看到钱玄同拿着稿子登门来访，便主动投降，承认写字非写篆字不可，还颇为认真地说："就按你说的去办！"

关于钱玄同对老师的感情，周作人曾回忆道："虽然太炎曾戏称封他为'翼王'，因为他'造过反'，反对古文和汉字……可是他对先生的尊敬三十年如一日……爱真理时尽管造反，却仍是相当的爱吾师，这不是讲学问的人最好态度吗？"

在章太炎众多弟子中，钱玄同与章太炎的关系最为密切。一日为师，终身为父。钱玄同对章太炎始终以弟子之礼真诚相待，当他自己成为有名的教授时，一次章太炎与黄侃到北京讲学，钱玄同鞍前马后，亲自为老师打点衣食住行。章太炎常说方言，许多北方同学听不懂，钱玄同又为章太炎担任翻译，在京城一时传为美谈。得知恩师章太炎病逝，钱玄同多次写信给朋友说：噩耗传来，中心震悼，莫可言喻。后撰写了一副114字的长联，对先生的一生作了完整的总结：

> 缵（zuǎn）苍水、宁人、太冲、姜斋之遗绪而革命，蛮夷戎狄，矢志攘（rǎng）除，遭名捕七回，拘幽三载，卒能驱逐客帝，光复中华，国土云亡，是诚宜勒石记勋，铸铜立像。
>
> 萃（cuì）庄生、荀卿、子长、叔重之道术于一身，文史儒玄，殚心研究，凡著书廿（niàn）种，讲学卅（sà）年，期欲拥护民彝（yí），发扬族性，昊天不吊，痛从此微言遽（jù）绝，大义莫闻。

钱玄同治学范围涉及经学、史学、文字学以及音韵学等许多方面，其中文字学和音韵学用力最勤。在中国近现代的国语运动中，钱玄同的建树十分突出，民国时期《第一批简体字表》就是他牵头起草的。

赢得生前身后名——吴承仕

1901年，吴承仕考中秀才，那一年他17岁。6年后，在清政府举办的举贡会考中，23岁的吴承仕获殿试一等第一名，被点为大理院主事。吴承仕虽受皇恩眷顾，但目睹国家日益衰败，对积贫积弱的清王朝十分失望，因而对孙中山等革命派的主张表示欣赏。

中华民国成立后，吴承仕出任司法部佥（qiān）事一职。然而，司法部的黑暗令他非常失望。1927年，北洋政府逮捕了共产党员李大钊并很快处以绞刑，这一件事伤透了吴承仕的心。他觉得自己成了刽（guì）子手的帮凶，毅然决然地辞去了司法部佥事的职位。

1911年，吴承仕拜章太炎为师，开始研究文字、音韵、训诂之学及经学。

章太炎被袁世凯软禁期间曾绝食，吴承仕也常去看望老师，用他独特的办法劝老师进食，说："先生，您比祢衡如何？"太炎说："祢衡岂能比我？""刘表要杀祢衡，自己不愿戴杀士之名，故假黄祖之手。如今袁世凯比刘表高明，他不必劳驾什么黄祖，而让先生自己杀自己！"据说颇为有效，章太炎听后便开始进食。在此期间，吴承仕亲自记录了章太炎的讲学内容，写成《菿（jì）汉微言》一书。后来，他与黄侃、钱玄同并称章门三大弟子，时有"北吴南黄"之说。"北吴"即吴承仕，"南黄"即黄侃。

吴承仕先后担任过北京师范大学、北京大学、中国大学、东北大学等学校的教授，做过北京师范大学国文系主任和中国大学国学系主任。

1936年，早就受到北平地下党关注的吴承仕光

吴承仕
（1884—1939）
字检斋，安徽歙县人，清末举人。民国初年在北京受业于章太炎，历任北京师范大学、中国大学等校教授。精音韵、训诂。1936年加入中国共产党，是用马克思主义观点从事经学研究的第一人。主要著述有《经学通论》《国故概要》等。

荣地加入了中国共产党。吴承仕在天津坚持抗日救亡活动，因为生活没有来源，处境一度极为窘迫。1939年8月，天津发生水灾，吴承仕穷愁潦倒，几乎到了无以为生的地步。延安方面知道情况后，曾经派人寻找吴承仕，计划将他转移到陕北。但由于水灾的缘故，地下党联络员未能与吴承仕取得联系。原因是吴承仕突然患病，初以为感冒，但服药后始终不见好转，且病情渐渐加重，只好秘密潜回北平，借住在一个亲戚家中。当时，熟悉吴承仕的人都不知其所踪。

心力交瘁的吴承仕回北平后就卧床不起，医生诊断为伤寒。1939年9月11日，吴承仕身体不支，进入北平协和医院不到十天，即因肠穿孔离世，年仅56岁。吴承仕生前没想到的是，在他逝世后中共中央在陕北为他举行了两次追悼会。

1940年1月，范文澜到达延安，受到毛泽东等人的欢迎。毛泽东和党中央本来就知道由晚清举人成为共产党员的吴承仕，经范文澜详细介绍后，中共中央对吴承仕有了更多的了解。毛泽东十分敬重这位虽未谋面但在中国学术界颇有影响的著名学者。

1940年3月5日，蔡元培在香港病逝。消息传来，中共中央决定于3月14日在延安为蔡元培举行追悼大会。有人提议，吴承仕追悼会也一并举行。但因为14日的追悼会主要是悼念蔡元培，吴承仕是附祭，所以又有人提出，这样做对吴承仕不够尊重。两天后，中央决定再为吴承仕单独举行一次追悼会。

在章太炎的弟子中，吴承仕是与中国共产党走得最近也是死后获得殊荣最多的人。中共"七大"召开后，吴承仕列入中央拟定的烈士名单。

先哲精神的传承——鲁迅

章太炎与鲁迅的结识，更多的是源于思想上的共鸣，可谓"水到渠成"。章太炎年长鲁迅12岁，两人都是浙江籍且家乡相距不远，又都深受浙江传统文化的影响。他们熟悉旧学，尤其是受浙东学派影响较深，因此他们共性的东西比较多。在章太炎的弟子中，鲁迅与其师相交甚笃，鲁迅自称受章太炎影响极深。

《苏报》案发，章太炎被捕入狱，轰动一时，就在这个时候，鲁迅开始关注章太炎。章太炎刑满释放后东渡，一边主持《民报》，一边进行讲学，鲁迅将他称作"有学问的革命家"。

章太炎十分重视革命舆论，他认为要推翻清政府，必须启发民智，解放思想。章太炎抵达日本两个多月后创办了"章氏国学讲习会"，并成立"国学振起社"。对此，鲁迅深表赞同。鲁迅认为要建立一个强国，必须要有好的国民素质，所以他一直十分重视改造国民性的工作。

鲁迅正式与章太炎结交，始于1908年初。章太炎在东京开设"国学讲习会"，当时讲授的内容主要是《说文解字》。后来章太炎应鲁迅的邀请，又在周日为他们开了一个特别班，参加这个班的学生有鲁迅、许寿裳、钱家治、周作人、朱希祖、钱玄同、朱宗莱、龚未生等8人，讲授《尔雅》和《说文解字》。鲁迅等人开始了"脚踏两只船"的学习，既在大班上课，又在特别班听课。从此时开始，鲁迅成为章太炎的弟子。

特别班设在民报社的一间陋室，师生席地环桌而坐，章太炎按《说文解字》的部首"一个字一个字地讲去，有的沿用旧说，有的发挥新意，枯燥

鲁迅
（1881—1936）
原名周树人，字豫才，浙江绍兴人。中国思想家、革命家、文学巨匠。1908年鲁迅在日本留学时，参加了章太炎开设的国学讲习会，成为章太炎的弟子。在政治思想、学术文化方面多受章太炎的影响。主要著作有《呐喊》《朝花夕拾》等。

的材料变得很有趣味"。课后，鲁迅等8个学生经常聚在一起核对笔记。鲁迅当年的听课笔记严整恭正，后易名为《说文札记》出版。章太炎讲授完《说文解字》后，又继续讲了《庄子》《汉书》《文心雕龙》等著作。

出于对老师的尊敬和爱护，鲁迅在章太炎遭遇困境之时，也给予了支持。1908年下半年，《民报》被日本政府查封之后，被处以罚款，因章太炎不能按时缴纳，作为负责人的他在1909年春被抓捕，即将罚做劳役。鲁迅与许寿裳积极筹措，帮章太炎先生缴纳罚金，章太炎仅关押一天即被释放。章太炎被袁世凯软禁三年时，鲁迅常去探望恩师，逢年过节准时问候老师。章太炎也亲自手写他喜欢的庄子的一段话赠给鲁迅："变化齐一，不主故常；在谷满谷，在坑满坑；涂郤（xì）守神，以物为量。"上款为"书赠豫材"，下款为"章炳麟"。

一日为师，终身为父。许广平后来回忆鲁迅"每逢提起（太炎），总严肃地称他太炎先生"或呼为"章师""章先生"。

章太炎对鲁迅的影响是多方面、多层次的。日本学者岛田虔次说："在鲁迅的一生中，能使他对其怀有深深敬意的'师'是极少的，而太炎就是这极少的'师'中的一人，恐怕除了藤野严九郎先生外，太炎是唯一的一位了。"

在学术文化方面，章太炎对鲁迅的影响也十分明显。章太炎的文笔与文风，对近代新文化运动的代表人物，如陈独秀、胡适、李大钊等都产生过很大影响，尤其是对于鲁迅的文风，产生的影响特别大。

鲁迅逝世前一天在病榻上撰写《太炎先生二三事》，发掘了章太炎早期的革命精神，也是鲁迅对章太炎一生的全面评价。

"骂"出来的弟子——刘半农

1911年，刘半农参加辛亥革命并在之后任北京大学法科预科教授，参与《新青年》编辑工作，积极投身文学革命，反对文言文，提倡白话文。后来他远赴巴黎大学进修并获得法国国家文学博士学位。回国之后，他在北京大学继续钻研并讲授语音学。

在五四运动时期兴起的白话文运动之中，作为北大教授的刘半农发出一种论调说："文言文是死的文字，什么人再写文言文，就是'死人'；白话文是活的文字，凡是写白话文的，就是活人。"章太炎则对他的这种说法不以为然。

当时的章太炎在音韵、文字方面颇有研究，因此刘半农专门对章太炎进行了采访，两人针对白话文进行了一次经典且深入的"论战"。刘半农直截了当地问章太炎对白话文如何看待，章太炎说："白话文不是从今天开始的，我国的《毛诗》就是白话诗。历代以来，有白话性的小说，都是以当时的言语写出来的，写得最好的是《水浒》《老残游记》等，甚至有用苏州话写的《海上花列传》。但是你们写的白话文，是根据什么言语做标准的？"

刘半农侃侃而谈，说："白话文是以国语为标准，国语即是北京话。"章太炎听了哈哈大笑，问刘半农："你知不知道北京话是什么话？"刘半农不假思索地说："是中国明清以来，京城里人所说的话。"章太炎又以质问的口吻说："明朝的话？你有什么考据？"

这话说出，刘半农哑口无言。章太炎接着用明朝的音韵，背诵了十几句文天祥的《正气歌》，发

刘半农
（1891—1934）
字半农，晚号曲庵，江苏江阴人。中国新文化运动先驱，文学家、语言学家和教育家。主要著述有《扬鞭集》《半农杂文》等。与章太炎结识于关于白话文的探讨，从此开始了跟随章太炎学习的脚步。

音与北京话完全不同，然后说："现在的国语，严格地说来，含有十分之几是东北一带人们的音韵。"这话一说，刘半农更是呆住好久，说不出一句话来应付。章太炎又说："如果汉人要用汉音，我也可以背诵一段汉代音韵的文字。"说完他就背了两首汉诗，许多字的音韵都与现代不同。他又问："你知不知道现在还有人用汉代音韵或唐代音韵来讲话的？"此时的刘半农早已经听得呆若木鸡，这一问他倒振作起来，便说："现在哪里还有人用汉音来说话？"他说得还振振有词。

章太炎说："现在的高丽话，主要语音是汉音，加上了唐朝的唐音、朝鲜的土话和外来话，才是今日的高丽话。"接着又说："还有日本话，主要的中国字，称为汉字，即是汉音，其余的连缀词，日本各地的土音，又加上了近代各国外来语，就成为现在的日本话。日本人的发音，各处不同，以东京为正宗，汉音也最准。各道各县的发音，连东京人也听不懂，这是你刘半农先生不研究'小学'，不研究'音训'，不曾研究过《说文》，所以你听了我的话，可能会觉得很奇怪。"刘半农羞愧难当，无言以对。

章太炎像老师训导学生一样又问："中国历来有种种科学发明，都是用文言文来记述的，我先问你天文知识，中国有些什么？"

刘半农想了半天，他的同来者也都面露难色，不敢插嘴，知道今天的采访有些下不了台了。刘半农果然答不出一句话，便低声下气地请教章太炎。章太炎说："中国的天文学大家祖冲之，你知不知道他是哪一朝代的人？他是南北朝人，精确地推算出圆周率是3.1415926，与1000年后德国发现的圆周率99%以上符合。"刘半农在旁边细心倾听。

接着章太炎又说："天文你不知道，我再和你讲讲地理，美洲新大陆的发现者是谁？"刘半农信心百倍地说："当然是哥伦布。"章太炎拍桌大笑说："最先踏到新大陆的人，是一个中国和尚，叫作'法显'，想来你是从未听到的。"刘半农再次感到羞愧，只说："愿闻其详。"

一直讲到过了午餐时间，刘半农等人才拜谢离开。这一次"论战"让刘半农对章太炎心生敬意，开启了他跟随章太炎学习的步伐。

章太炎先生在北京讲学，当时北京各大学的主任教授如吴承仕等，侍奉在太炎先生的左右作陪，有专门板书的，有倒茶水的，章太炎先生国语不太好，弟子刘半农便担任翻译，其情其景给后世留下了尊师重教的佳话。

热烈真挚的记录者——许寿裳

在章门弟子中，许寿裳算不上成就最为卓越的人，但却是第一位为先生立传的人。特别是他在传记中所提供的章太炎先生的一些生活和教学活动的细节，因为是亲身经历，所以已经成为研究章太炎的重要资料。

许寿裳
（1883—1948）
字季茀，号上遂，浙江绍兴人。传记作家、教育家。1908年，许寿裳与鲁迅同时加入光复会，并一起成为章太炎的弟子。曾任杭州浙江两级师范学堂教务长，教育部佥事、科长、参事和普通教育司司长等职。

许寿裳16岁时进入杭州求是书院学习，修习国文、数学、日文等课程，国文总教习宋恕是章太炎的好友。18岁时，许寿裳从宋恕处闻得章先生大名。后又在宋先生的启发下，阅读章太炎的改定本《訄书》，而且对章太炎的其他文章百读不厌。所以，在许寿裳与章太炎正式结师生缘之前，已然熟知先生的理想宏愿，并深为之佩服。1908年，许寿裳成为章太炎的弟子。

许寿裳与章太炎真正面对面相处的师生之谊并不长，因为1908年时，许寿裳要去德国学习德语，之后于1909年又回国进入教育部工作，许寿裳在章门弟子中算得上是具有较强的行政能力了。1916年，章太炎曾写信给许寿裳，询问是不是能够为他筹措经费去印度。

不过，许寿裳对老师所有的情感都体现在为太炎先生所撰写的传记之中。1944年，许寿裳接下国民党中央宣传部主编《中国历代明贤故事集之章炳麟》的邀请。他花费了大半年的时间撰成，并强调"章先生为革命元勋，同时为国学大师，世人仅注意后一点，不足以明真相，拙稿双方并重"。在这本传记稿中，许寿裳多引用老师本人的言论，然后稍加总结串联。每章的总结语有不少赞美之词，如"先生的文字鼓吹的力量，特别来得闳大壮美。因之遭逮捕，入幽牢，百折不挠，九死无悔，而后国民感慕，翕然从风"。虽然许寿裳跟随太炎先生的时日短，在弟子中交流也不算多，但却是老师最热烈真挚的记录者。

关于老师讲课，许寿裳的描述是最为生动的："每星期日清晨，我们前往受业，在一间陋室之内，师生环绕一张矮矮的小桌，席地而坐。先生讲段氏《说文解字注》，郝氏《尔雅》等，神解聪察，精力过人，逐字讲释，滔滔不绝，或则阐明语原，或则推见本字，或则旁证以各处方言。自八时至正午，历四小时毫无休息，真所谓'诲人不倦'。"虽然章太炎当时名重天下，而且在遇见权贵的时候，总会表现出桀骜不驯的一面，但是面对学生讲学时始终是亲切又生动，给人如坐春风之感。许寿裳则将他的这种感受用文字表达得淋漓尽致。

师生相得——朱希祖

1908年，章太炎在日本东京正式讲学，在日本学习的朱希祖早就对其学术倾慕已久，很快便投入章太炎门下，成为最早的"太炎弟子"之一。

章太炎虽弟子众多，但能光大其学说的，却为数极少。在章门弟子中，朱希祖就是这样的学生。在国语运动中最重要的事情就是国语注音字母的创立，周作人特别提到这是章太炎先生在文字音韵学上的极大贡献，而朱希祖则是促成此事的重要成员。1913年1月，朱希祖参加了教育部组织的国语读音统一会议，经过讨论，最后采纳了朱希祖的提议，在章太炎所创制的三十六个纽文（声母）、二十二个韵文（韵母）中选出三十九个，作为标音符号。章太炎得知此事之后，甚为欣悦，认为这是"为吾道张目"。

朱希祖
（1879—1944）
字逖先，浙江海盐人。早年留学日本，又从章太炎习音韵。回国后曾任北京大学国文系、史学系主任。后主持中山大学文史所、中央大学史学系。主要著述有《中国史学通论》《汲冢书考》《战国史年表》等。

朱希祖之所以深得老师青睐，与他的独立之精神、自由之思想紧密相关。朱希祖曾说："世界上最可信仰的，唯有真理。这真理，非圣贤豪杰所能尽知，亦非人所能完全教得，全凭着我自己的学问经验去辨别出来的"，"真理所在，虽农贾樵牧的说话，我都信仰他，真理所不在，虽圣贤豪杰的说话，我都反对他。真理所在，不论时之古今、国之强弱，那说话我都信任他。真理所不在，不论时之古今、国之强弱，那说话我都反对他"。正是在此主张之下，朱希祖对于先生与自己的学问路径和特点有清楚的认识，在服膺先生学说的同时，也与之商榷。

朱希祖是深得老师章太炎青睐的五大弟子之一，朱希祖对老师也是充满感激："余对先师，终有知己之感也。"因此，每提及章太炎，朱希祖从

不称其名讳，而总是口呼先生、章先生或者太炎先生，而见其文字总是称
"本师太炎"。朱希祖对老师章太炎的崇敬之情由此可见。

　　除论学之外，朱希祖与章太炎先生私交也十分融洽。在章太炎看来，
自己的这位学生办事牢靠，令人信赖。1914年章太炎被软禁北京时，他曾
让朱希祖到上海接他的夫人汤国梨，并在书信中向夫人介绍说，该生是学
生中最老成者，途中有他照料，可以无忧。软禁期间，朱希祖每周探望数
次，时常带点食物劝告先生。

　　朱希祖学成归国，与鲁迅同受聘于浙江两级师范学堂任教，后来历任
北京大学、北京师范大学、清华大学、辅仁大学、中山大学及中央大学等
校教授。朱希祖凭借着自己的影响，常常为光大先生的学说而奔走。章氏
国学讲习会，朱希祖即为发起者之一，先生讲学期间，他往往侍立左右，
有时也承担翻译方言的任务。章太炎在苏州开设国学讲习会期间，也曾请
自己的这位高徒每月讲学一次，朱希祖极为支持先生的事业。1936年，章
太炎离世，朱希祖是治丧会主要成员，以"一代通儒尊绛帐，千秋大业比
青田"盛赞老师的功业，并向民国政府提出实施国葬的请求；此后他又往
返各地，参加追悼会，宣讲先生的为人为学，且继续开办章氏国学讲习会，
仍然每月讲学一次。

词学大家——汪东

1904年东渡日本求学时，汪东刚15岁，先入成城学校，后入早稻田大学。在东京期间，汪东结识了孙中山并参加了同盟会，任《民报》编辑。1908 年，汪东师从章太炎学习文字学，与黄侃、钱玄同、吴承仕等同为章门弟子。其中他与黄侃、钱玄同精于文学，吴承仕精通经学，四人有"章门四子"之称。同时汪东也是章太炎戏称"五大天王"中的"东王"，足以表明章太炎对汪东的器重。

作为章门四大弟子之一，汪东是经史百家，无不研习，尤其是在音韵学、训诂学、文字学等诸方面造诣颇深，都有创获。而且他的词学功力也颇为深厚，享誉海内外，被誉为"近代词学大家"。他不仅对词学理论的见解精深独到，而且填词创作经验也是相当丰富。汪东一生创作极为丰富，为同门中的翘楚。

1910年，汪东回国，积极参与江苏光复活动。武昌起义爆发后，上海、苏州响应，相继宣告独立。汪东被江苏都督程德全聘为江苏都督府驻上海办事处秘书。民国成立后，汪东认为"革命已经成功"，应功成身退，故拒绝参加后来成立的国民党。1923 年9 月，汪东与章太炎等人在上海创办《华国月刊》，章太炎担任社长，汪东任编辑和撰述，以"甄明学术，发扬国光"为刊物宗旨。1925 年，汪东任江苏省长公署秘书。1927 年，受中山大学校长张乃燕之聘，汪东担任该校中文系主任。

此后，汪东历任中央大学等文学院院长；1943年，任重庆复旦大学中文系教授。抗战胜利后，汪东担任国立礼乐馆馆长，1947年任国史馆修纂。中华人民共和国成立后，汪东于1950年被选为苏州

汪东
（1890—1963）
字旭初，号寄庵、梦秋，江苏吴县人。早年留学日本，又师从章太炎。对音韵、文字、训诂、诗词诸学，均有较深的造诣，亦擅长书画，以篆书及画梅著称于世。主要著述有《词学通论》《寄庵诗》《梦秋词》等。

市人民代表、人民委员会委员。

　　章太炎逝世后，其墓志铭由汪东撰写，言辞华美，偏重介绍章太炎的学术成就。1963年6月13日，汪东因胃癌病故于苏州，年74岁。1974年，台湾文海出版社出版了沈云龙编的《汪旭初先生遗集》。

　　作为群体，章门弟子表现出了独具魅力的三大特色：

　　一是富有民族责任感，勇于与时俱进，把握时代潮流，努力为国家与社会的进步做出自己的贡献。在辛亥革命时期，章门弟子多为革命党，他们积极"用国粹激动种性，增进爱国的热肠"，有力地助力了革命运动。在五四新文化运动中，他们批判旧文化，提倡新文化，大多成为运动的主将与中坚力量。

　　二是潜心学术，卓有建树，为中国传统学术的近代转型与发展做出了无可替代的贡献。章门弟子最为活跃的20世纪前40年，正是中国学术实现由传统向近代转型并得到长足发展的重要时期。他们学有渊源，不仅是白话文运动与语言文字改革等关乎民族文化发展全局的文化革新伟业的主持者和主要推动者，而且在语言学、文学、史学与民俗学等领域，创获极多。所有这些，不仅光大了师门，更重要的是，为中国传统学术实现近代转型和发展做出了巨大的历史性贡献。

　　三是淡泊明志，学风严谨。章门弟子多能继承师门传统，终身潜心学术，清静自守，虽然声名远播，但他们不屑于官场追逐。同时，在学术的探求中"依自不依他"，各尊所是，意气风发，即便与老师有不同的见解，也坚守自己（"吾爱吾师，吾尤爱真理"）。正由于学风严谨，尽管弟子间不免有意气之争，但在学术层面上却不失和谐，从而维护了"章门弟子"作为群体的社会声誉。简言之，章门弟子是20世纪上半叶中国社会和文化变革的产物，是中国近代思想史、学术史的业绩突出学术现象。

【阅读思考】

章门弟子中给你留下最深印象的是谁？为什么？

【活动设计】

口才练习：以"吾爱吾师VS吾爱真理"为辩题，组织一场辩论赛，请同学们谈一谈自己的见解。

参考文献

陈平原，杜玲玲.追忆章太炎（修订本）[M].北京：生活·读书·新知三联书店，2009.

陈永忠.革命哲人：章太炎传[M].杭州：浙江人民出版社，2008.

陈永忠.章太炎与近代学人[M].天津：百花文艺出版社，2012.

何成轩.章太炎评传[M].开封：河南教育出版社，1990.

华强.章太炎大传[M].上海：上海交通大学出版社，2011.

华强.《中国思想家评传》简明读本：章太炎[M].南京：南京大学出版社，2015.

黄乔生.章太炎：大偏至正[M].沈阳：辽宁人民出版社，2015.

姜义华.章太炎评传[M].南昌：百花洲文艺出版社，2010.

金宏达.大师章太炎[M].合肥：黄山书社，2008.

金宏达.章太炎传[M].上海：上海人民出版社，2014.

卢毅.章门弟子与近代文化[M].桂林：广西师范大学出版社，2009.

马勇.民国遗民：章太炎传[M].北京：东方出版社，2015.

陶方宣.刀尖上的舞者——章太炎与梁启超[M].北京：新华出版社，2016.

王有为.章太炎传[M].广州：广东人民出版社，1984.

伍立杨.潜龙在渊：章太炎传[M].北京：作家出版社，2015.

徐立亭.晚清巨人传：章太炎[M].哈尔滨：哈尔滨出版社，1996.

许寿裳.章太炎传[M].石家庄：花山文艺出版社，2016.

章念驰.我所知道的祖父章太炎[M].上海：上海人民出版社，2016.

章念驰.章太炎全集·演讲集[M].上海：上海人民出版社，2015.

章太炎故居管理所.章太炎故居与仓前老街[M].北京：中国文史出版社，2013.

章太炎著作编注组.章太炎诗文选注（上）[M].上海：上海人民出版社，1976.

图书在版编目（CIP）数据

走近章太炎先生 / 庞仿英编著. — 杭州 ：浙江大学出版社，2021.6（2022.4重印）

ISBN 978-7-308-21247-2

Ⅰ．①走… Ⅱ．①庞… Ⅲ．①章太炎（1869-1936）—生平事迹 Ⅳ．①B259.25

中国版本图书馆CIP数据核字(2021)第060342号

走近章太炎先生

庞仿英　编著

策划编辑	吴伟伟
责任编辑	寿勤文　马一萍
责任校对	陈逸行
封面设计	周　灵
出版发行	浙江大学出版社
	（杭州市天目山路148号　邮政编码　310007）
	（网址：http://www.zjupress.com）
排　版	杭州林智广告有限公司
印　刷	广东虎彩云印刷有限公司绍兴分公司
开　本	787mm×1092mm　1/16
印　张	9.5
字　数	160千
版 印 次	2021年6月第1版　2022年4月第2次印刷
书　号	ISBN 978-7-308-21247-2
定　价	40.00元
